스마트폰과 함께하는 디지털여행

왕초보를 위한 친절한 안내서 / 기초편

오정화 박수영 이중호

Jakkawa

스마트폰과 함께하는 디지털여행

발   행 | 2024년 04월 20일
지은이 | 오정화, 박수영, 이중호
펴낸곳 | 주식회사 작가와
디자인 | 오정화, 박수영, 이중호
출판등록번호 | 제2022-00165호
주   소 | 서울특별시 강서구 양천로 738 1F
전   화 | 02-355-5355
이메일 | Welcome@jakkawa.com

ISBN | 979-11-7248-056-1
판매가 | 15,000원
http://www.jakkawa.com

이 책은 저작권법에 따라 보호받는 저작물이므로 무단 전재와 무단 복제를 금지하며,
이 책 내용의 일부 또는 전부를 사용하려면 반드시 저작권자의 서면동의를 받아야 합니다.

책을 내면서

스마트폰이 비서가 된 것은 불과 10여년 남짓입니다. 그 사이에 우리의 손에는 작은 컴퓨터가 놓여 있습니다.

"뭐 눌러야 해요?"
"아유 무서워서 못 누르겠어"
"애들한테 물어보려니 바쁘고, 뭔 말인지 모르고..."
"미안해요. 내가 너무 몰라서"

스마트폰의 편리하고 좋은 기능을 쓰는 것이 나에게는 왜 어렵기만 할까요? 스마트폰앱을 잘못 만지면 고장날세라, 잘못 누르면 통장이 텅빌까 전화만 걸고 받지는 않나요?

스마트폰으로 음식도 주문하고, 영화도 보고, 쇼핑도 합니다. 그리고 비행기, 기차, 고속버스 예매도 합니다. 스마트폰만 있으면 처음 가는 곳도 찾아갈 수 있습니다. 스마트폰이 그림도 그려주고, 나만의 비서처럼 시간도 알려줍니다.

"택시 부르니까 정말 편해졌어요"
"자식들한테 의지하지 않아도 되니까 자신감이 생겼어요."
"애들한테 미안해 하지 않아도 되요."
"배우고 보니 어렵지 않네요. 내 친구들은 내가 가르쳐줬어요."
"생활이 달라졌어요. 새로운 세상이 열린 듯합니다."

스마트폰을 함께 공부하신 분들이 말씀해 주셨습니다.

디지털기기(키오스크)와 스마트폰 앞에서 한없이 약해지는 분들께 도움이 되면 좋겠다는 마음으로 동갑내기 세 친구가 머리를 맞대었습니다. 학습 현장의 목소리를 생생하게 담으려고 애를 썼습니다.

이 참에 잘 배워서 친구도 가르쳐 주고, 나보다 더 모르는 자식들도 가르쳐 줄 수 있다면 배워볼 만할 것 같습니다.

이 책은 스마트폰과 앱을 사용하는 것이 아직 익숙하지 않은 분들이 두려움 없이 사용하도록 도와주는 길잡이가 되기를 바랍니다. 사용자의 경험을 한 단계 끌어올려, 스마트폰을 사용하는 자신감을 키워주는 것이 목표입니다. 혼자서도 차근차근 따라할 수 있도록 쉽게 정리해서 전해드리고 싶은 마음을 담았습니다.

차 례

스마트폰 기본 사용법	5
스마트폰 기본앱	25
카메라. 갤러리	40
카카오톡	53
유튜브	68
네이버	77
캘린더. 메모	86
길찾기, 지도앱	95
키오스크	112
스마트한 추천앱	121
AskUp (아숙업)	139
사이버범죄	144

스마트폰 기본 사용법

스마트폰 사용하기 … 5
- 손동작
- 부분 이름과 기능 살펴보기
- 전원을 끄고 켜는 방법

스마트폰 화면구성 … 9
- 잠금화면, 홈화면, 앱화면
- 상단 상태표시줄
- 하단 네비게이션바

스마트폰 설정앱 … 11
- 설정앱 찾는 방법 2가지
- 소리, 진동, 무음 설정하기
- 음량조절하기
- 상태표시줄-배터리 알아보기
- 화면 밝기 (디스플레이)
- 글자 크기 (디스플레이)
- 자동꺼짐시간(디스플레이)
- 잠금화면
- 안전 및 긴급-긴급 연락처등록하기
- 스마트폰 업데이트

와이파이 연결하기 … 19

모바일 데이터 연결하기 … 20

빠른 실행창 살펴보기 … 21

블루투스 연결하기 … 22

홈 화면에 위젯 추가하기 … 23

화면캡처하는 방법 … 24

스마트폰 사용하기 - 손동작

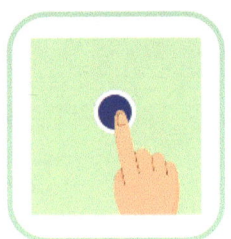
누르기
화면을 가볍게 누르세요.
앱을 열거나 문자입력을 할때 사용해요.

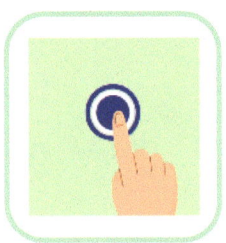
꾸~욱 누르기
화면을 2초 이상 길게 누르세요.
앱의 이동, 삭제, 추가적인 기능을 실행할 때 사용해요.

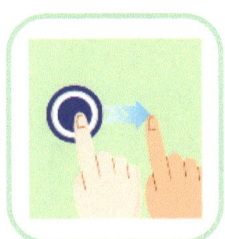
드래그하기
이동할 앱을 꾸~욱 누른채 원하는 위치로 끌어다 놓으면 앱의 위치가 옮겨져요.

두번 누르기
화면을 빠르게 두번 누르세요.
화면 또는 사진을 확대합니다.

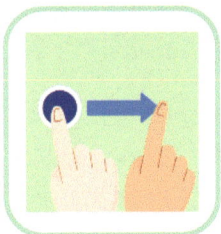
스크롤하기
화면을 상하(위아래로) 좌우(옆으로) 미세요.
페이지 이동, 홈 화면에서 앱 화면으로 이동할 때,
알림창과 빠른 실행창을 내릴 때 사용합니다.

오므리고 펼치기
화면을 두 손가락으로 누르고 그림과 같이 오무리거나 펴세요.

손가락을 오무리면 화면과 사진을 작게 볼 수 있어요.

손가락을 펼치면 화면, 사진 등을 크게 볼 수 있어요.

📱 스마트폰의 각 부분 이름 알아보기

스피커
통화음과 음악 등의 소리가 들려요.

마이크
전화, 음성 녹음할 때 말하면 됩니다.

전면(앞쪽)카메라
셀프사진 촬영할 때 사용해요.

음량버튼
소리를 키우거나 줄일수 있어요.

스마트폰의 앞면

터치화면
화면을 손가락으로 사용해요.

전원버튼
꾸욱 누르면 화면을 끄거나 켤 수 있어요.

지문인식 센서

엣지 스크린

스피커

마이크

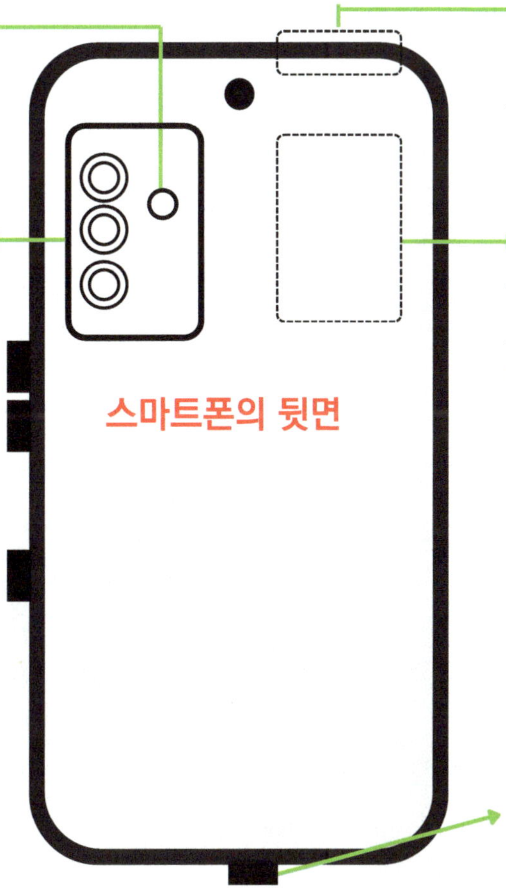

플래시
어두운 곳을 비추는 조명역할을 해요.

GPS 안테나
GPS (위치)정보를 수신(교통앱)

후면(뒤쪽)카메라
사진을 찍을때 사용해요.

NFC 안테나
근거리 무선통신 교통카드, 쇼핑결제 때 사용

스마트폰의 뒷면

이어폰
외부 연결잭(USB) Type-C)

전원을 끄고 켜는 방법 2가지

방법 1 - 측면버튼을 길게 누르세요.

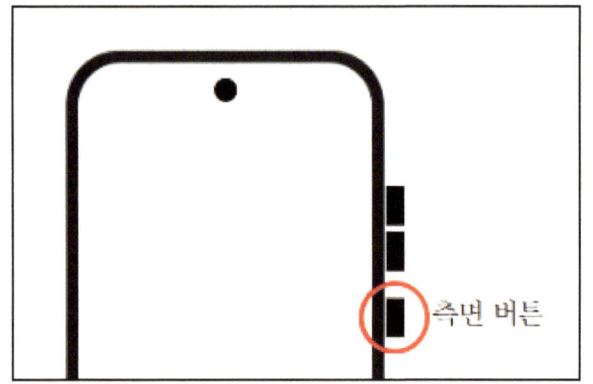
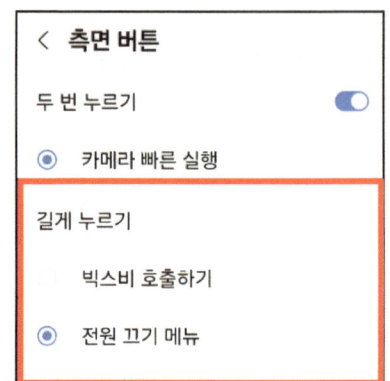

측면 버튼을 길게 누르세요. 전원 끄기 화면이 나옵니다. 이 기능을 위해서는 (설정 → 유용한 기능 → 측면버튼 → 길게 누르기 : 전원 끄기 메뉴 선택)해 두어야 합니다.

강제 재부팅

만약 스마트폰이 전원을 눌러도 작동하지 않는다면, **음량(하)버튼과 측면 버튼**을 길게(10초 이상) 누르면 강제로 재부팅할 수 있습니다.

방법 2 - 빠른 실행창 사용

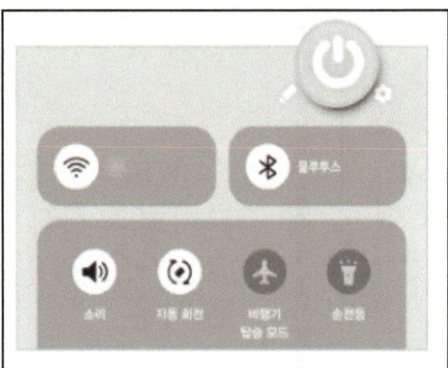

스마트폰 맨 위를 두 손가락으로 위에서 아래로 드래그 하세요. 빠른 실행창이 열려요. ⏻(전원끄기)을 누르세요.

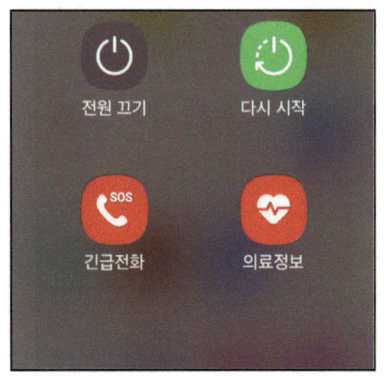

⏻(전원끄기)를 눌렀을 때 나오는 화면에서 다시시작를 선택하면 됩니다.

📱 화면 구성 - 잠금화면, 홈화면, 앱화면, 구분하기

잠금화면

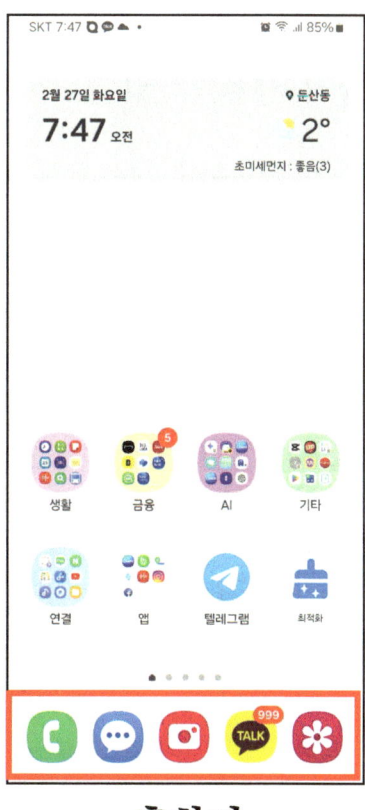
홈화면

앱 화면

 〈잠금화면〉을 풀면 〈홈화면〉이 나옵니다.
손가락으로 위로 드래그하면 〈앱화면〉을 볼 수 있어요.

잠금화면 - 스마트폰의 화면을 켜서 나오는 첫화면 입니다.
- 개인정보 보호를 위해 비밀번호, 패턴 등으로 잠궈두고 사용할 수 있어요.

홈 화면 - 잠금화면을 열면 나오는 시작화면 입니다.
- 자주 사용하는 앱을 홈화면에 추가하여 빠르게 실행할 수 있습니다.
- 위젯(날씨나 뉴스 등의 정보)을 추가하여 정보를 실시간으로 확인할 수 있습니다.
- <u>**전화, 문자메시지 앱이 있으면 홈화면입니다.**</u>

앱 화면 - 스마트폰에 설치된 모든 앱을 볼 수 있는 화면입니다.
- 스마트폰에서 설치한 앱들은 앱 화면에 저장되어 있으며, 사용자가 원하는 앱을 선택하여 실행할 수 있습니다.
- <u>**맨 위에 검색창이 있으면 앱 화면 입니다.**</u>

📱 스마트폰 – 상단(위) 상태표시줄

화면 맨 위에는 상태표시줄이 있습니다. 일부 앱 실행 중에는 화면 상단(위)에 상태표시줄이 나타나지 않을 수 있습니다.

| SKT 6:53 | ⏰ 🔇 📶 HD voice 📶 78% 🔋 |

🚫 신호 없음	🔇 무음 모드
📶 서비스 지역의 신호세기 표시	📳 진동 모드
5G 5G 네트워크를 포함한 모바일 네트워크에 연결됨	✈️ 비행기 탑승 모드 실행 중
📶 Wi_Fi에 연결됨	🔋 배터리 충전 중
🔵 블루투스 기능 켜짐	⚠️ 오류 발생 및 재난문자
📞 부재중 전화	📍 위치 서비스 사용 중

📱 스마트폰 – 하단 네비게이션바

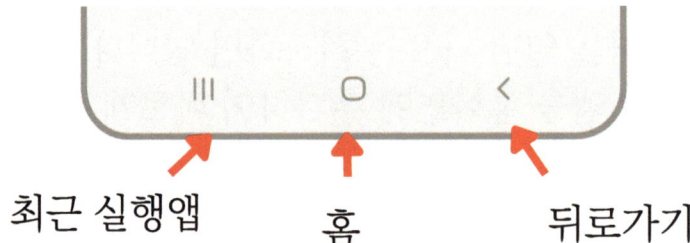

최근 실행앱   홈   뒤로가기

| ||| **최근 실행앱** : 최근에 실행(사용)한 앱 목록이 나타납니다.

| ◯ **홈** : 짧게 누르면 홈 화면으로 돌아갑니다.
길게 누르면 Google 어시스턴트 앱이 실행됩니다.

| 〈 **뒤로가기** : 이전 화면으로 전환됩니다.

📱 설정앱을 찾는 방법 2가지

▶▶ 방법 1 - 빠른 실행창에서 찾기

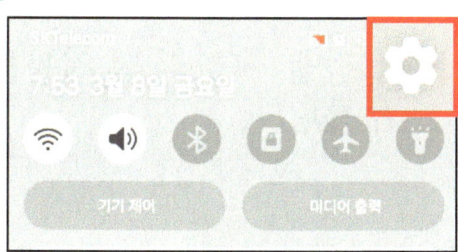

홈화면에서 손가락으로 **위에서 아래로 끌어내려 (드래그)** 주세요. 빠른 실행창이 나타납니다.

톱니바퀴 모양의 설정앱을 찾을 수 있습니다.

▶▶ 방법 2 - 앱화면에서 설정앱을 찾기

홈화면에서 손가락으로 **아래에서 위로 끌어올려 (드래그)** 주세요. 앱화면으로 전환됩니다.

톱니바퀴 모양의 설정앱을 찾을 수 있습니다.

📱 내 스마트폰 정보 확인하기

스마트폰의 휴대전화 정보를 통해 모델명, 시리얼 번호, IMEI등을 확인할 수 있습니다. 사용자 이름도 바꿀 수 있습니다.

  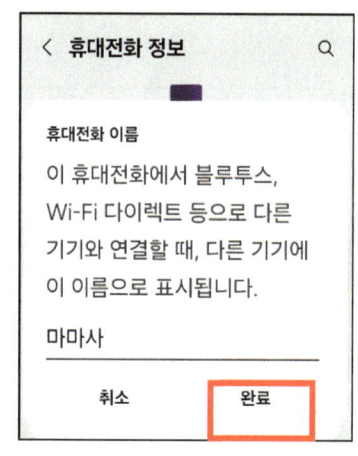

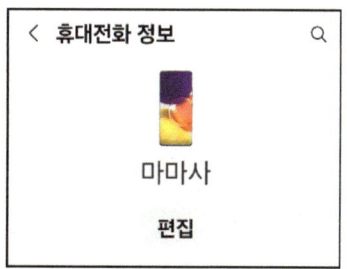

① 휴대전화 정보를 눌러주세요.

② 편집을 눌러 이름을 바꿀 수 있어요.

③ 이름을 입력하고 완료를 누르면 변경된 이름을 볼 수 있어요.

📱 소리, 진동, 무음을 설정해 봐요

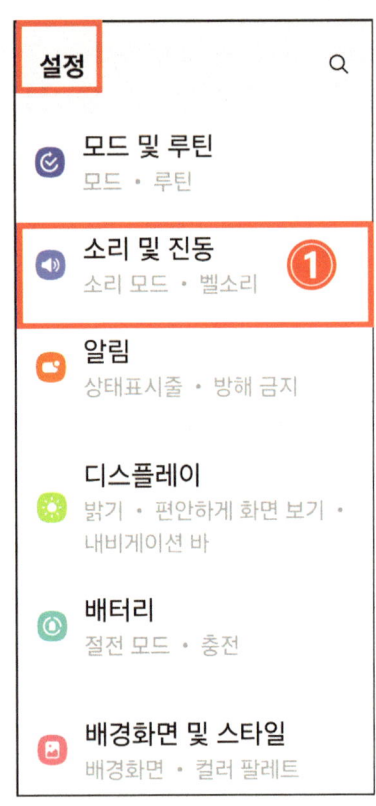

① 설정앱 → 소리 및 진동을 누릅니다.

② 소리, 진동, 무음을 주변 상황에 맞게 설정해요.

📱 음량 조절

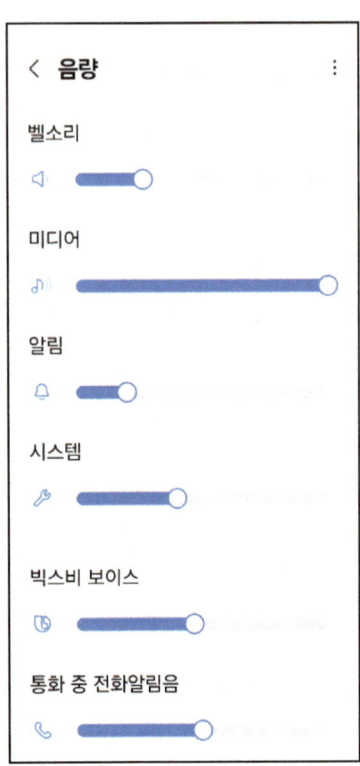

① 설정앱 → 소리 및 진동 → 음량을 누릅니다.

② 모든 소리들을 좌우로 옮기면서 작게 혹은 크게 설정할 수 있습니다.

미디어 : 음악, 유튜브 등 영상을 볼 때 들리는 소리
알림 : 앱 알림에서 들리는 소리 입니다.
시스템 : 스마트폰 터치음, 충전 케이블이 연결될 때, 충전 완료시에도 소리가 납니다.

스마트폰 상태표시줄 – 배터리 남은 양 표시

화면 상단을 아래로 밀면 상태표시줄이 나타납니다. 일부 앱 실행 중에는 화면 상단에 상태표시줄이 나타나지 않을 수 있습니다.

① 알림을 눌러요. ② 고급 설정을 눌러요. ③ 배터리 잔량표시를 눌러요.

▶▶▶ 스마트폰 배터리를 안전하고 효율적으로 충전하는 방법은 다음과 같습니다.

- 정품 충전기나 인증 받은 제품을 사용하는 것이 좋습니다.
- 온도가 높거나 낮은 환경에서는 충전 속도가 느려지거나 중단될 수 있으며, 배터리 손상을 유발할 수도 있습니다.
- 완전충전(100%) 되면 즉시 충전기를 분리하는 것이 좋습니다.
- 오랜 충전은 배터리 수명을 단축시키는 원인이 될 수 있습니다.
- 불필요한 앱을 종료하고, 화면 밝기를 적절하게 조절하여 사용한다면 배터리 수명을 늘릴 수 있습니다.
- 일정 기간 이상 사용한 배터리는 성능이 저하되므로, 정기적(2~3년)으로 배터리를 교체해 주는 것이 좋습니다.

📱 디스플레이 - 다크모드와 화면 밝기

다크 모드는 전체적인 분위기를 어둡게 하고, 화면 밝기는 개별적으로 조정하여 필요한 경우 더 밝게 볼 수 있게 해주는 옵션입니다.

  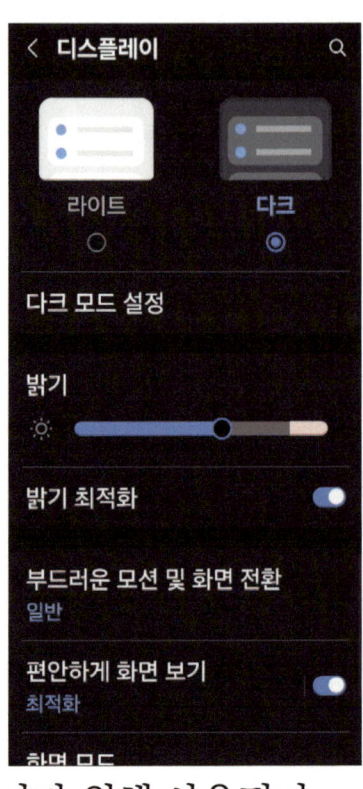

①디스플레이를 눌러요.　②다크모드는 눈의 피로를 줄이기 위해 사용되며 배터리 소모도 줄일 수 있는 장점이 있습니다.

①좌우로 드래그하여 밝기를 조절할 수 있어요.

②주변 환경의 밝기에 따라 스마트폰의 '화면 밝기'를 자동으로 조정하는 기능. 눈의 피로를 줄일 수 있어요.

③화면의 블루라이트를 줄여서 눈의 피로를 덜어줄 수 있어요.

📱 디스플레이 - 글자크기와 글자 굵게

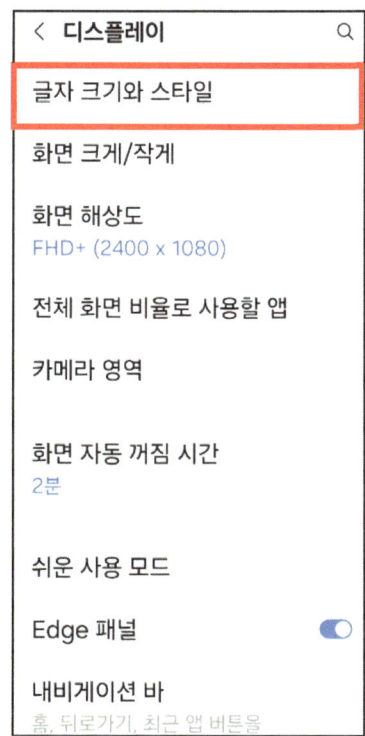 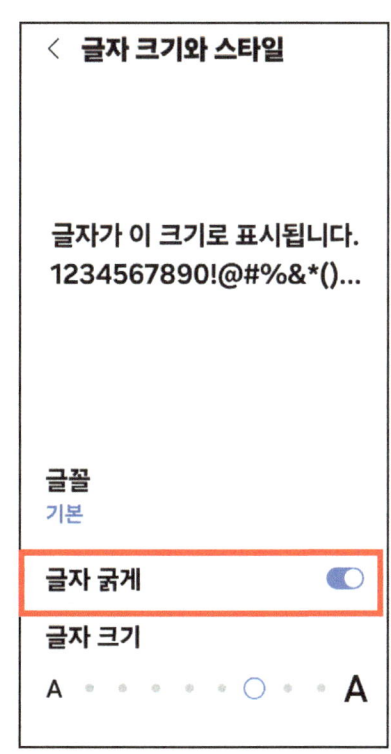 

① 글자 크기와 스타일을 눌러요.   ② 글자 굵게를 누르면 글자가 굵어져요   ③ 좌우로 드래그하여 글자 크기를 조절해요.

📱 디스플레이 - 자동 꺼짐 시간

 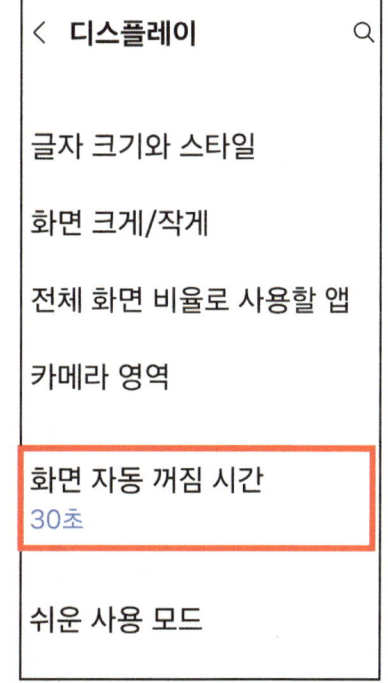 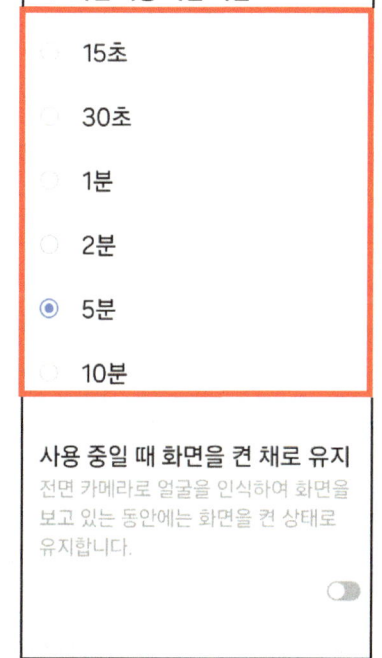

① 디스플레이를 눌러요.   ② 화면 자동 꺼짐 시간을 눌러요.   ③ 화면이 꺼지는 시간 (원하는)을 선택하세요.

잠금화면

스마트폰 잠금화면에서 보안 설정은 반드시 필요하며, 자신만의 안전한 보안 설정 방법을 선택하여 사용합니다.

직접 설정한 패턴, 비밀번호 등을 잊어버린 경우, 서비스센터에서는 데이터 초기화를 통해 해결할 수 있습니다. 패턴이나 비밀번호는 별도로 메모해 두는 것이 좋습니다.

데이터 초기화 시에는 저장된 사진, 동영상, 연락처, 문자 메시지의 데이터가 삭제되므로 중요한 자료는 미리 백업해두는 것이 좋습니다.

① 잠금화면을 눌러요.

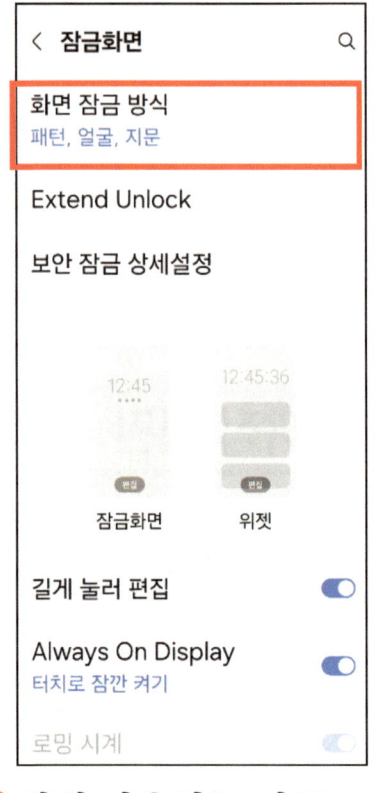
② 현재 사용하는 잠금 방식이 나타납니다.

③ 숫자, 비밀번호, 패턴, 드래그, 얼굴, 지문 중 선택합니다.

지문인식

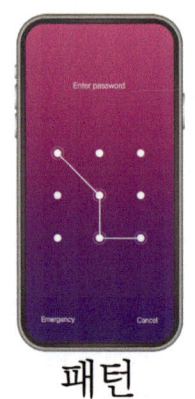
패턴

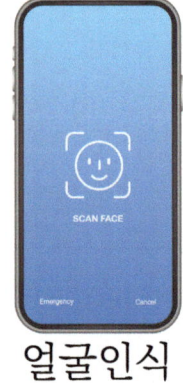
얼굴인식

안전 및 긴급 - 의료정보 긴급 연락처 등록하기

의식을 잃는 등 위급한 상황이 발생될 경우 스마트폰의 잠금을 풀지않고도 가족 및 의료진이 환자의 건강 정보를 확인할 수 있는 기능입니다.

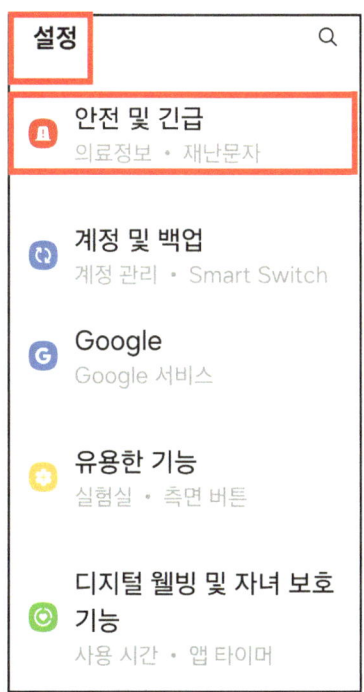
①안전 및 긴급을 눌러요

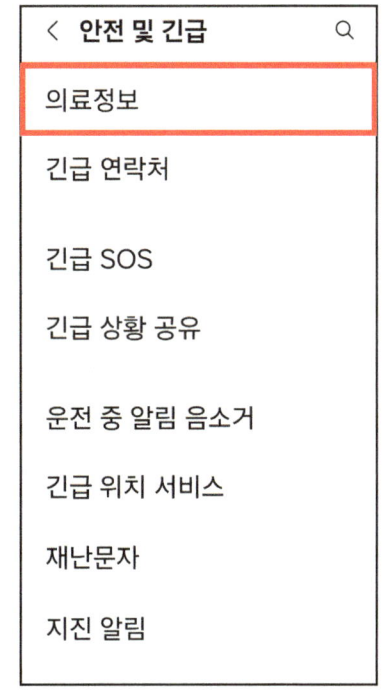
②의료정보를 눌러요.

③건강 상태, 질병력 등을 입력합니다

위급 상황 시 스마트폰의 잠금을 풀지 않고도 잠금 화면에서 설정해 놓은 긴급 연락처로 전화할 수 있는 기능입니다.

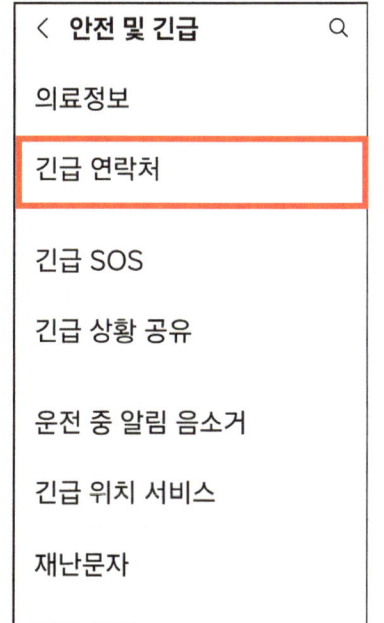
①긴급 연락처를 눌러요.

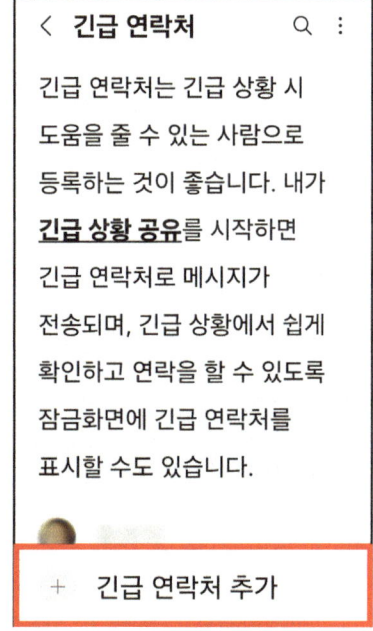
②긴급 연락처추가를 눌러요.

③추가 할 연락처를 선택 후 완료를 눌러요.

잠금화면에 표시를 켜야만 긴급연락처를 볼 수 있어요.

📱 스마트폰 업데이트

원활한 스마트폰 사용과 보안 강화를 위해서는 제조사에서 제공하는 업데이트를 꾸준히 진행하는 것이 좋습니다.

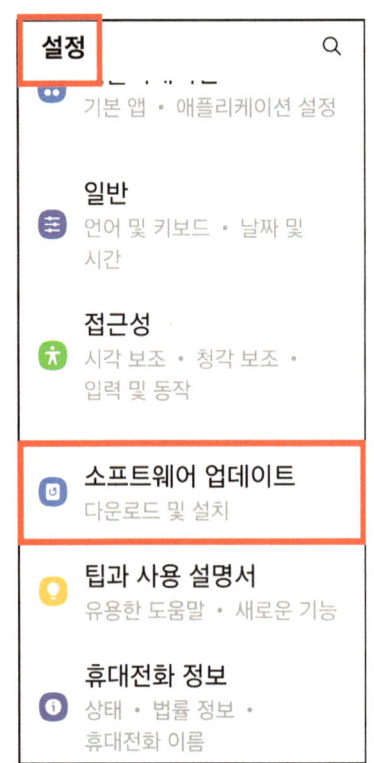

① 소프트웨어 업데이트를 누르세요.

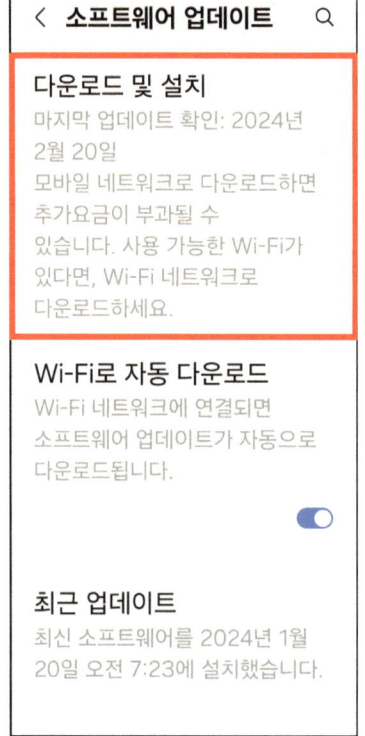

② 다운로드 및 설치를 누르세요.

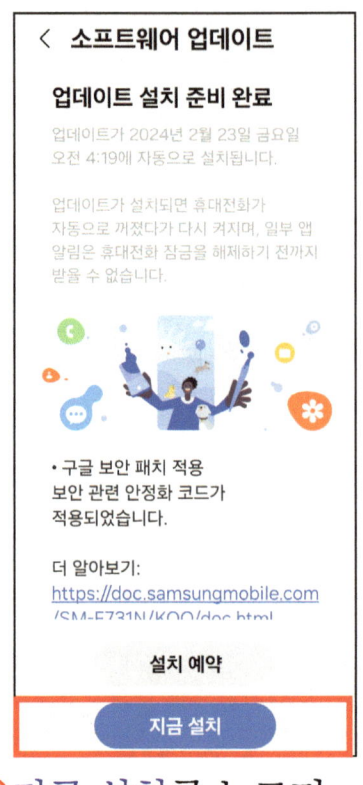

③ 지금 설치를 누르면 업데이트가 시작됩니다.

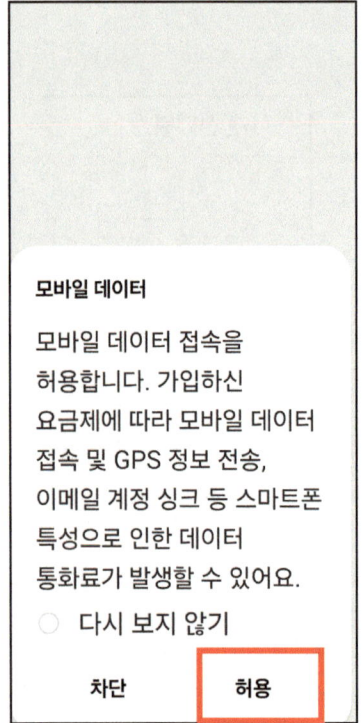

④ 허용을 눌러요

⑤ 업데이트 진행 중

⑥ 최근 업데이트 결과를 확인해 봅니다.

와이파이(WiFi) 연결하기

와이파이는 무료로 사용가능한 네트워크 입니다. 동영상 시청은 와이파이를 사용하는 것이 좋습니다. 와이파이 연결을 해볼까요?

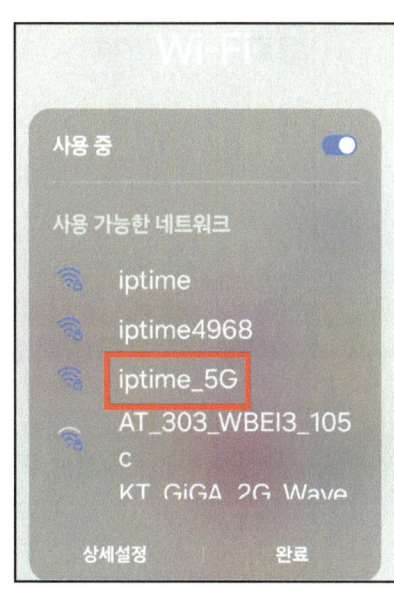

① 빠른실행창에서 📶 를 꾸~욱 눌러요.

② 목록 중 연결할 와이파이를 눌러요.

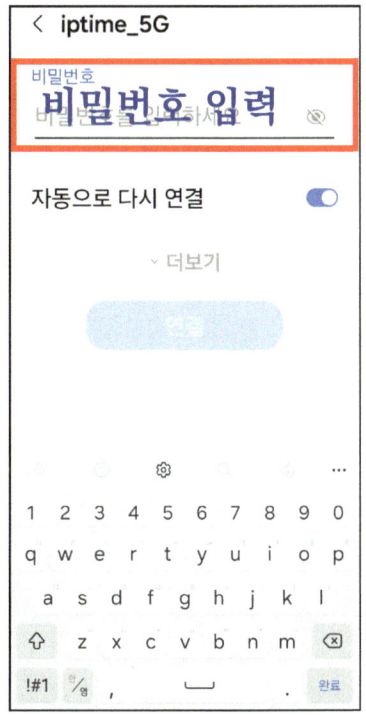

③ 비밀번호를 입력해요.   ④ 연결을 가볍게 눌러요.   ⑤ 연결됨 - 와이파이가 연결되었어요.

와이파이를 사용할 수 있는 장소의
와이파이 이름과 비밀번호를 미리 확인해 두어야 합니다.

📱 모바일 데이터 연결하기

휴대전화나 태블릿 등 이동통신 기기를 통해 인터넷에 접속하는 것으로, 가입한 통신사의 요금제에 따라 정해진 데이터를 사용합니다.

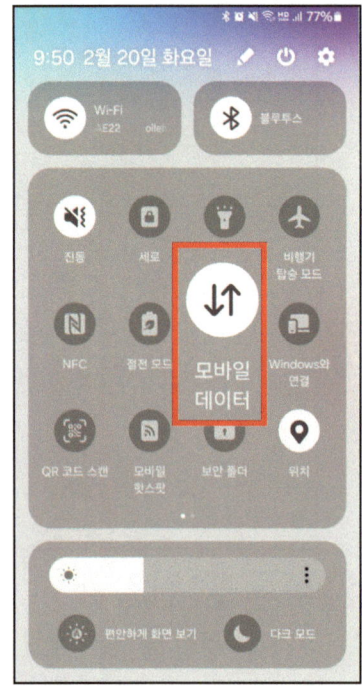 

❶ 모바일데이터를 꾸욱 눌러요.

❷ 사용중인 모바일 데이터 양을 확인할 수 있어요.

와이파이와 데이터가 같이 켜져 있는 경우 **와이파이**가 먼저 사용되고, 와이파이를 사용할 수 없는 상황에서는 **모바일 데이터**로 인터넷 연결이 이루어집니다.

 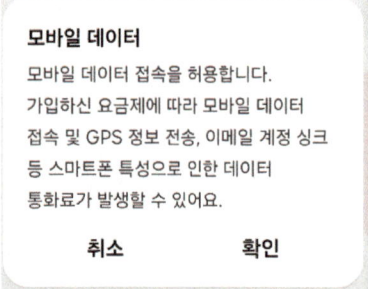 

모바일 데이터를 켰을 때의 확인메시지 입니다.
'**확인**'을 누르면 모바일 데이터를 사용할 수 있습니다.

모바일 데이터를 끌때의 확인메시지 입니다.
'**끄기**'을 누르면 모바일 데이터를 사용할 수 없습니다.

📱 빠른 실행창 살펴보기

① Wi-Fi (와이파이) 켜짐
공공장소에서 와이파이를 사용하려면, Wi-Fi 이름과 비밀번호를 확인하고 입력해야합니다.

② 이어폰, 헤드셋, 스마트워치 등 무선 기기를 사용하려면 블루투스를 켜놓아야 합니다.

무선기기의 전원을 켜두고 블루투스를 꾸~욱 누르면 블루투스 연결이 가능한 목록을 확인할 수 있어요. 연결하려는 기기를 선택하면 연결이 됩니다.

③ **소리, 진동 선택모드**
   - 벨소리, 진동, 무음을 선택할 수 있어요.

④ **자동회전** : 스마트폰 화면을 가로, 세로로 자동으로 회전됩니다. 사진보기, 유튜브등 가로 형태로 볼 수 있어요.

⑤ **손전등 버튼 켜짐**
   - 눌러서 켜세요. 다시 누르면 꺼집니다.

⑥ **비행기 모드** : 비행기 탑승시 알림소리가 나지 않도록 사용합니다. 인터넷이 중지된 상태입니다.

⑦ **데이터 켜짐** 평상시에 항상 켜두어야 카카오톡이나 인터넷을 사용할 수 있습니다. 데이터 통화료가 발생할 수 있어요.

⑧ **위치알림모드** : GPS로 현재 나의 위치를 찾을 수 있어요. 켜두어야 〈길찾기앱〉에서 나의 위치를 확인할 수 있습니다.

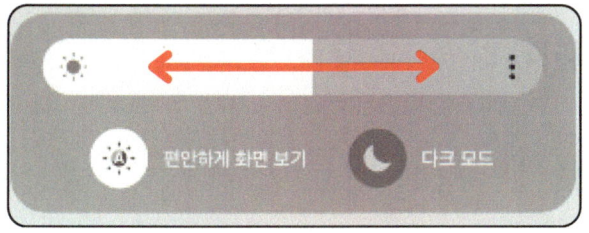

화면 밝기 조정 : 눈의 피로를 줄이고, 편안하게 화면을 볼 수 있도록 밝기를 조절하는 기능입니다.

📱 블루투스 연결하기

무선이어폰, 무선스피커 등의 기기를 블루투스를 통해서 스마트폰과 연결하는 방법입니다.(기기에 따라 전원을 켜면 자동으로 연결되기도 합니다)

 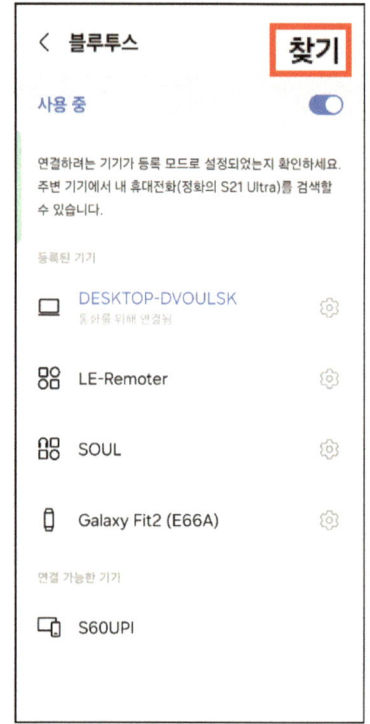 

① 스마트폰 화면을 위에서 아래로 쓸어내려 빠른 실행창을 켭니다.
　블루투스를 꾸~욱 눌러요.

② 기기 등록을 위해 찾기를 눌러요

③ 연결 가능한 기기 목록 중에서 원하는 기기를 선택해요

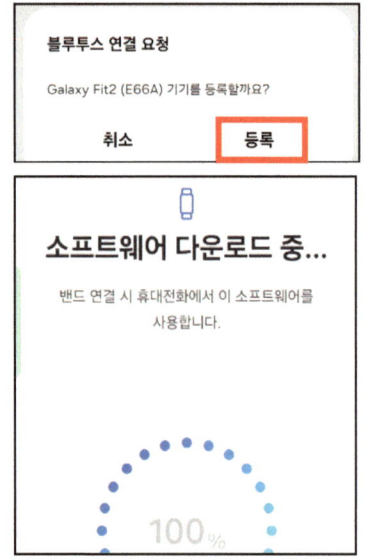  

④ 등록을 눌러요. 프로그램이 다운로드 됩니다.

⑤ 계속을 눌러요.

⑥ 스마트폰에 등록된 기기에 기기명이 보이면 등록 완료 입니다.

📱 홈화면에 위젯 추가하기

위젯은 스마트폰 홈화면에 작은 크기로 미리보기 형식으로 보여주는 기능입니다. 추천하는 위젯 - 돋보기, 시계, 캘린더, 날씨 등

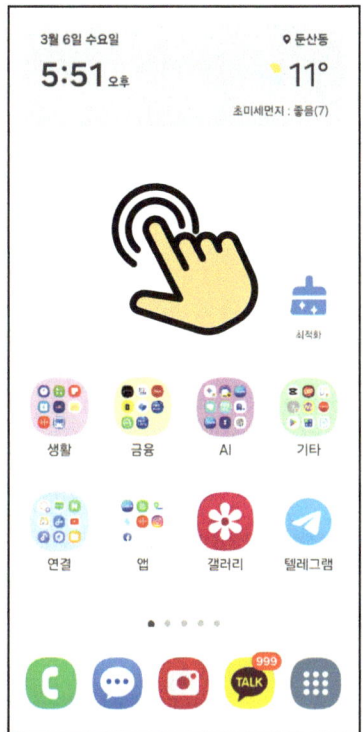

① 홈화면 빈곳을 꾸~욱 눌러주세요.

② 하단의 위젯을 가볍게 눌러주세요.

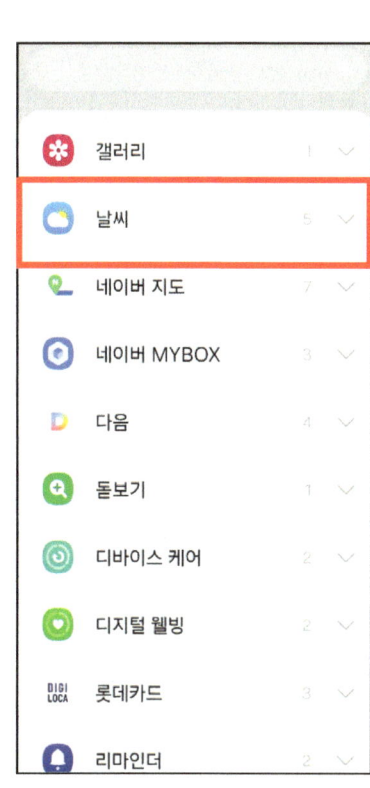

③ 날씨위젯을 목록에서 선택해 주세요.

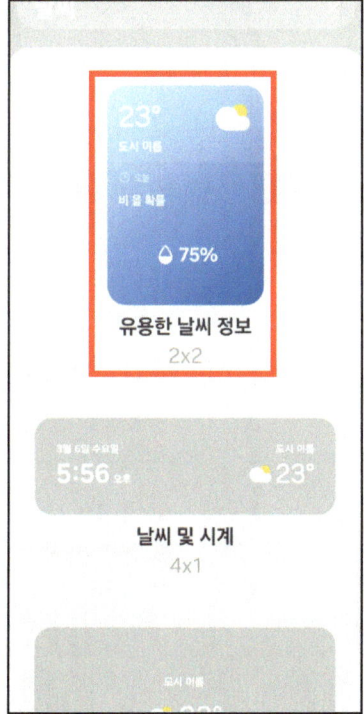

④ 원하는 유형을 살펴봅니다.

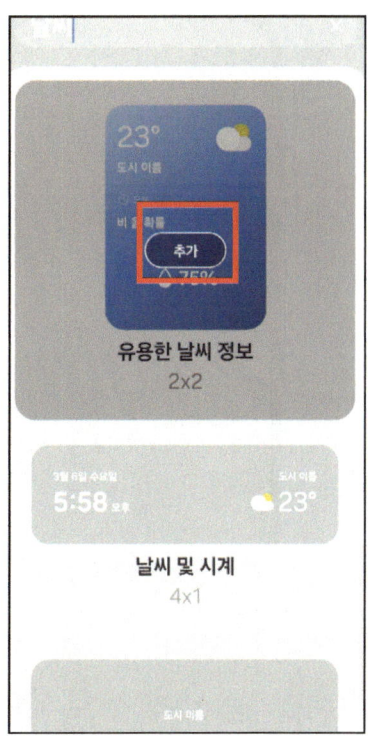

⑤ 선택한 위젯의 추가를 눌러요.

⑥ 홈화면에 날씨 위젯이 나왔어요.

화면 캡처하는 방법

화면 캡처란 스마트폰의 화면을 일시적으로 복사하여 저장하는 기능
저장된 이미지 파일은 갤러리나 기타 사진 저장소에서 확인할 수 있습니다.

▶▶▶ 방법 1 – 손으로 밀어서 캡처하기(모션 캡처/ 손날 캡처)

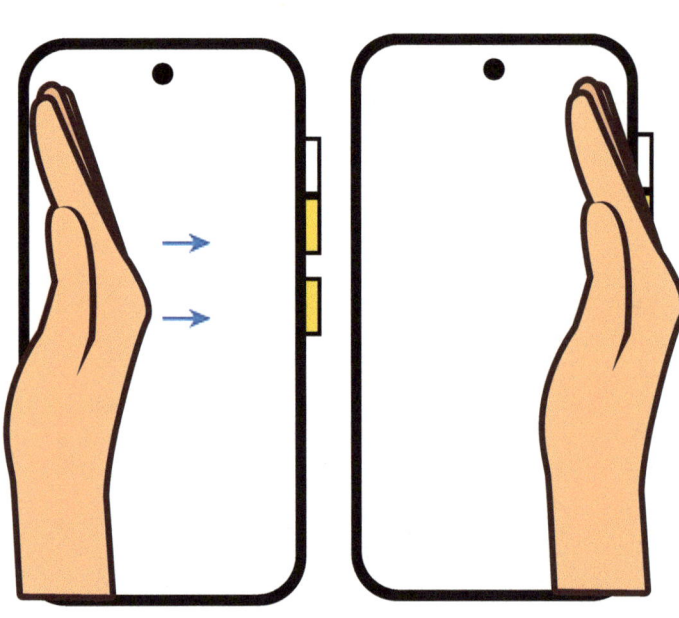

손을 옆으로 세운 후 손날로 화면을 오른쪽 또는 왼쪽으로 미세요.

손으로 밀어서 캡처가 되지 않는 경우 "설정>유용한 기능>모션 및 제스처> 손으로 밀어서 캡처를 활성화" 로 바꿔 주세요.

▶▶▶ 방법 2 – 버튼을 눌러 화면 캡처하기(버튼 캡처)

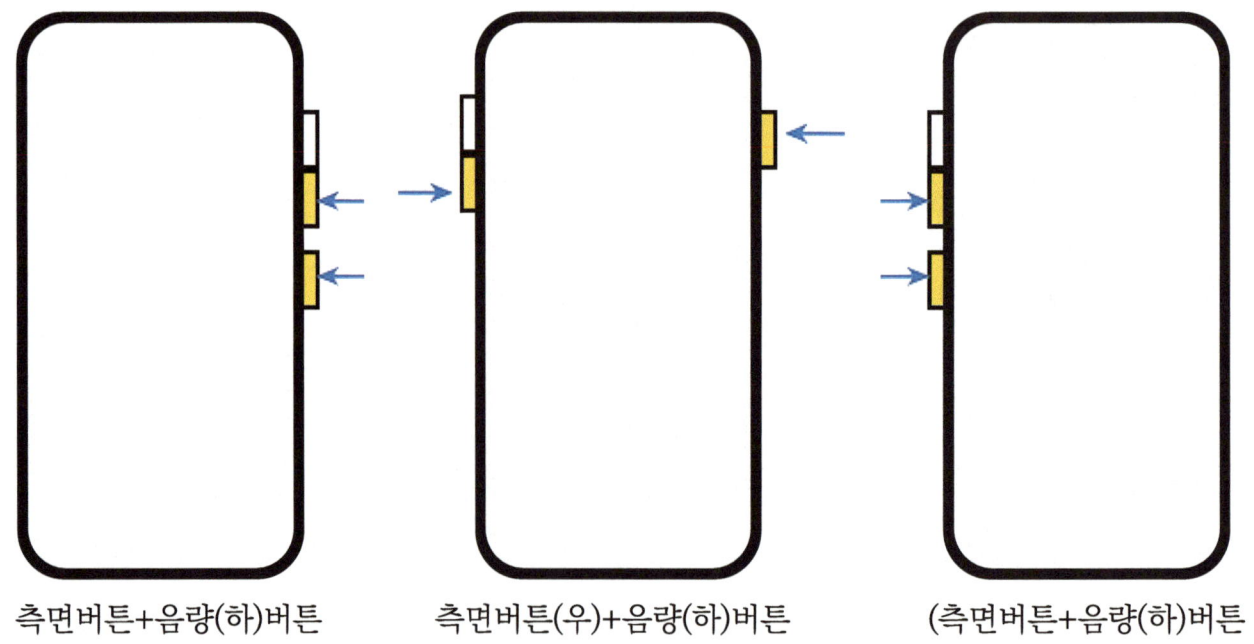

측면버튼+음량(하)버튼　　측면버튼(우)+음량(하)버튼　　(측면버튼+음량(하)버튼

측면 버튼과 음량(하) 버튼을 동시에 누르세요.
※ 버튼 캡처에 사용되는 버튼 조합 및 위치는 모델마다 다를 수 있으며, 정확한 확인을 위해서는 제품 매뉴얼을 참고해주세요.

스마트폰 기본 앱

전화 앱 26
- 전화앱 기본메뉴
- 전화 받을 때
- 전화를 걸어봐요
- 통화 녹음 해 봐요
- 전화번호 저장

연락처에서 전화번호 찾기 30

문자 메시지앱 30
- 문자 메시지 확인후 삭제
- 목록에서 삭제
- 문자 메시지 보내기
- 말로 문자 메시지 보내기
- 음성녹음을 문자로 보내기
- 받은 메시지를 확인해요
- 스팸메시지 차단
- 차단된 메시지 복원해요
- 수신차단 번호 해제해요

시계앱 37
- 알람
- 세계시각
- 타이머

계산기 39

📱 전화앱 - 기본메뉴 설명

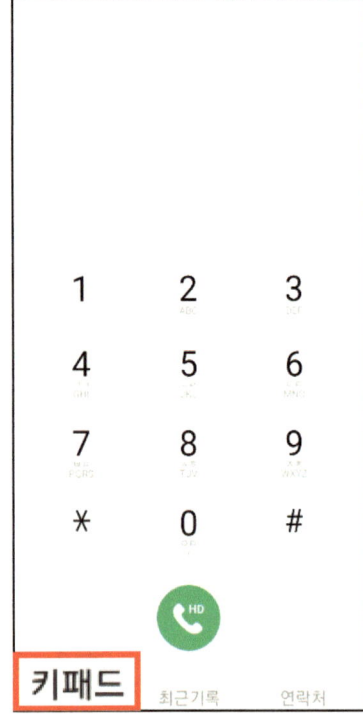 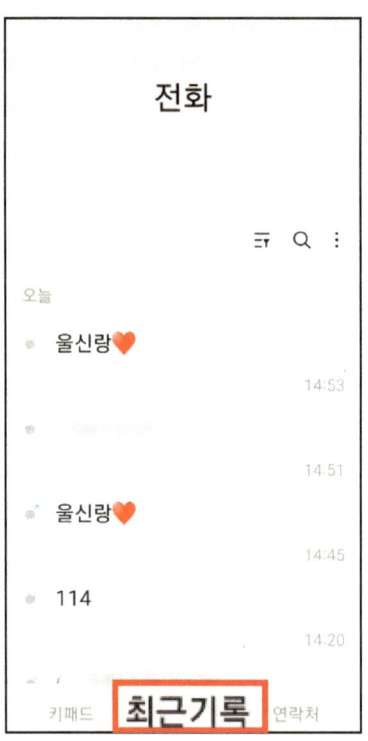 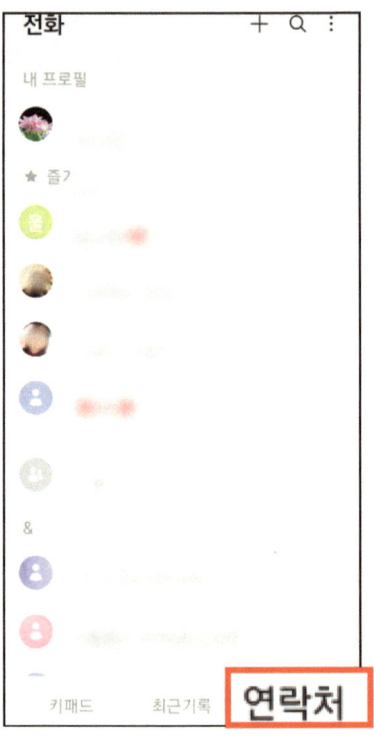

직접 전화번호를 눌러서 전화를 겁니다.   최근 통화 목록을 볼 수 있어요.   저장되어 있는 연락처를 볼수 있어요.

📱 전화 받을 때 화면

녹색 통화 - 전화 받기
빨강 종료 - 전화 끊기

① 스피커를 누르면 밖으로 소리가 크게 나와요.
② 키패드를 누르면 숫자판이 나옵니다.
③ 숨기기를 누르면 통화 중 숫자판을 숨길 수 있어요.

📱 통화 앱 – 전화를 걸어봐요1 (키패드)

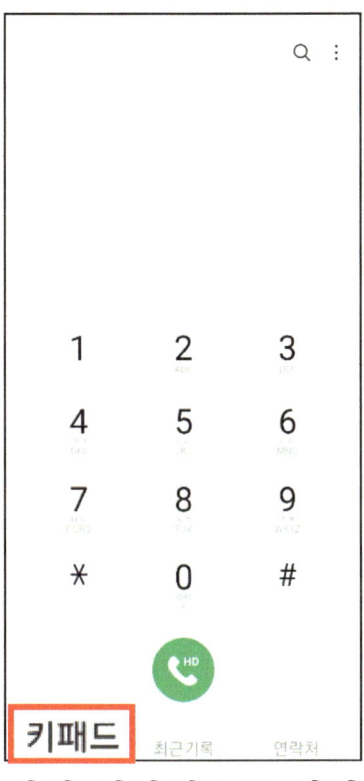

① 직접 전화번호를 입력 합니다.

② 전화번호를 입력하고 녹색통화를 눌러요.

📱 통화 앱 – 전화를 걸어봐요 2 (최근기록)

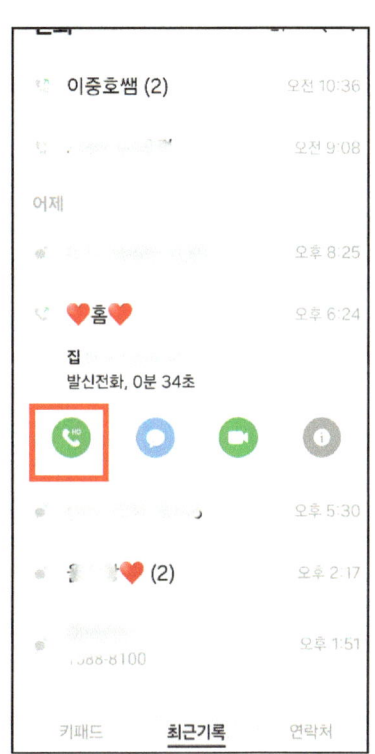

① 최근에 통화한 기록을 볼 수 있어요.

② 녹색 통화버튼을 눌러요.

③ 전화를 걸고 있어요.

📱 통화 앱 - 전화를 걸어봐요 3(연락처)

① 연락처에서 통화할 사람을 선택해요.
② 녹색 통화 버튼을 눌러요.
③ 전화를 걸고 있어요.

📱 통화 앱 - 통화 녹음해봐요

통화 버튼을 밀어요.   녹음을 눌러 통화내용을 녹음합니다.

음성녹음 확인하는 방법

① 음성녹음 앱을 열어요.
② 목록을 눌러요.
③ 파일을 눌러서 음성녹음된 내용을 확인해요.

전화 번호를 저장 해봐요 1 - 키패드

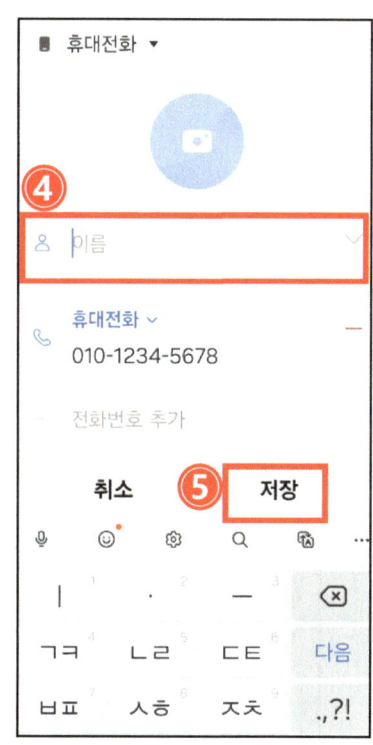

① 키패드에서 번호 입력
② 상단 + 를 눌러요.

③ 새 연락처 등록을 눌러요.

④ 이름을 입력해요.
⑤ 저장을 눌러요.

전화 번호를 저장 해봐요 2 - 최근기록

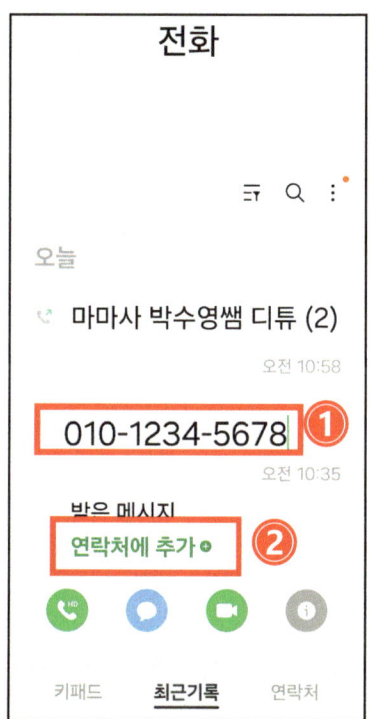
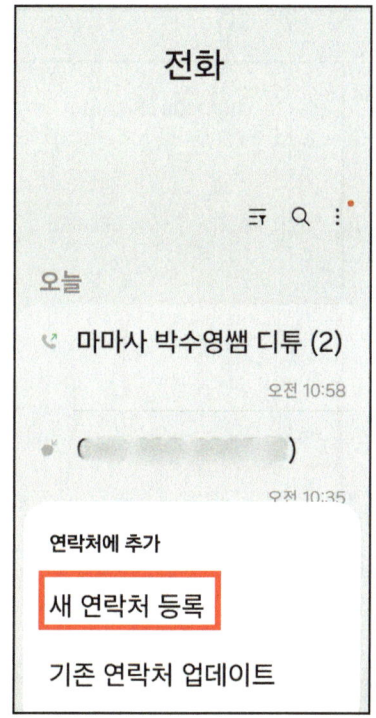

① 전화번호를 눌러요.
② 연락처에 추가를 눌러요.

③ 새 연락처 등록을 눌러요.

④ 이름을 입력해요.
⑤ 저장을 눌러요.

📱 연락처에 저장한 이름으로 전화번호를 찾아 봐요

① 연락처에서 🔍 를 눌러요.

② 검색창에서 이름을 입력하면 목록에 나와요.

③ 이름 아래에 나타난 전화아이콘을 눌러서 전화를 겁니다.

📱 문자 메시지- 내용 확인 후 삭제

 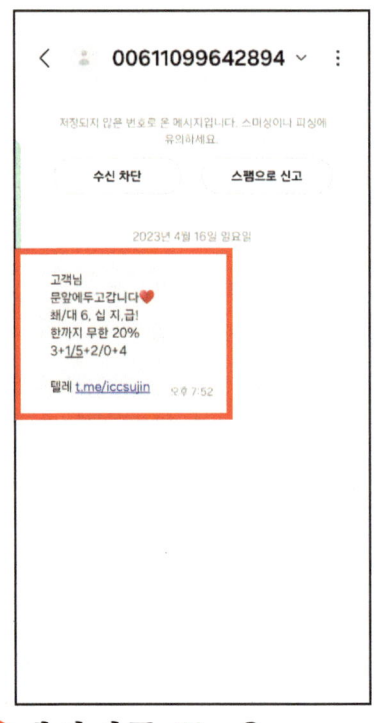 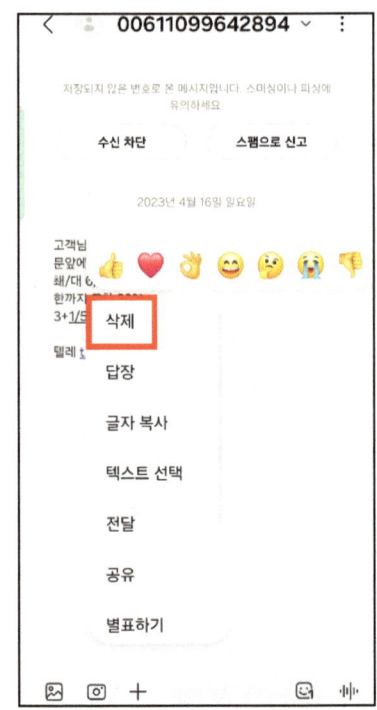

① 메시지를 눌러서 내용을 읽습니다.

② 메시지를 꾸~욱 눌러요.

③ 삭제를 선택하여 메시지를 지우세요.

📱 문자 메시지- 목록에서 삭제

사용자가 삭제한 문자 메시지는 [휴지통]에서 복구할 수 있습니다.

일부 통신사에서는 문자 메시지 삭제 후 일정 기간(15~30일) 동안만 보관되기도 합니다.

① 메시지를 꾸욱 누른 다음 삭제를 눌러요.

② 휴지통으로 이동을 눌러요.

📱 문자 메시지- 휴지통에서 삭제

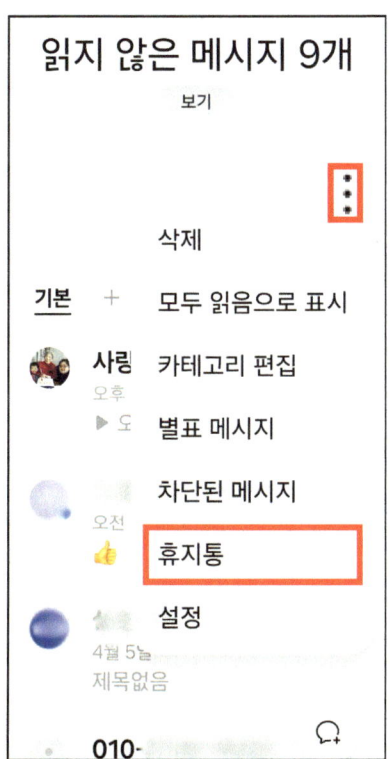

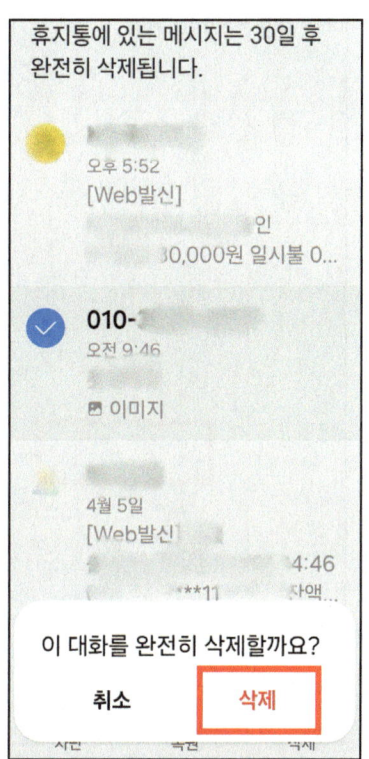

① ⋮ (점3개)를 누른 후 휴지통을 눌러요.

② 메시지를 꾸~욱 눌러요.

③ 삭제를 선택하여 메시지를 지우세요.

문자 메시지- 메시지를 보내요

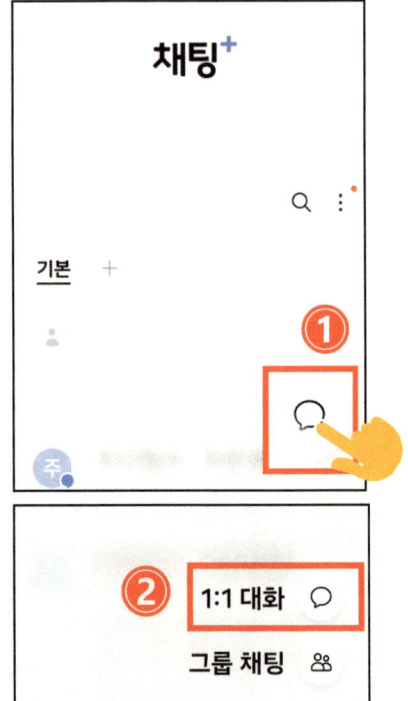

① 말풍선을 눌러요.
② 1:1 대화를 선택해요.

③ 상대의 이름이나 번호를 입력합니다.

④ 입력한 번호 아래 대화 버튼을 눌러요.

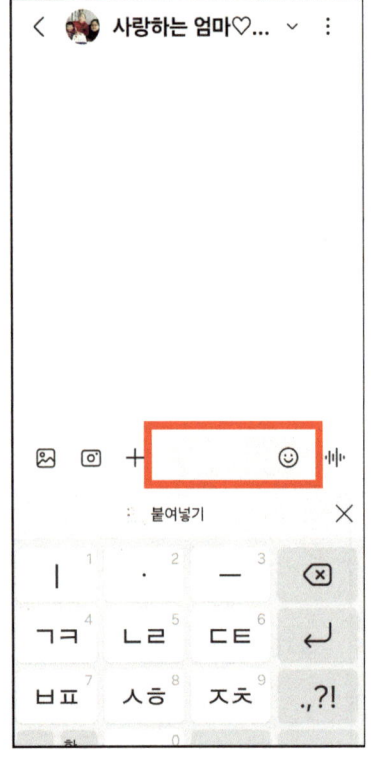

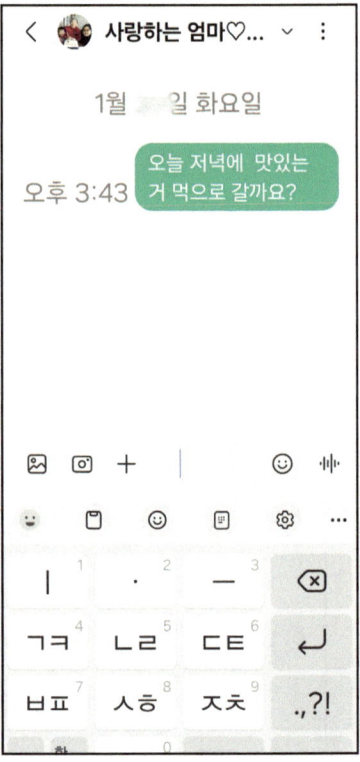

⑤ 입력창에 메시지를 입력해요.

⑥ 내용을 입력 후 ➤ 를 누르면 발송됩니다.

⑦ 보낸 메시지를 화면에서 확인할 수 있어요.

📱 문자 메시지- 말로 문자메시지를 쓰기 : 마이크 버튼 🎤

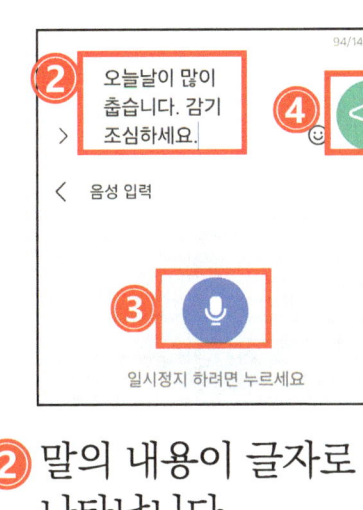

① 🎤 를 눌러서 메시지를 말해보세요.

② 말의 내용이 글자로 나타납니다.

③ 말이 끝나면 🎤 를 눌러서 멈춤니다.

④ ➤ 을 눌러 메시지를 보내요.

⑤ 말하는 내용을 글자로 입력하여 보냈어요.

📱 문자 메시지- 음성녹음 한 문자 보내기 〰️

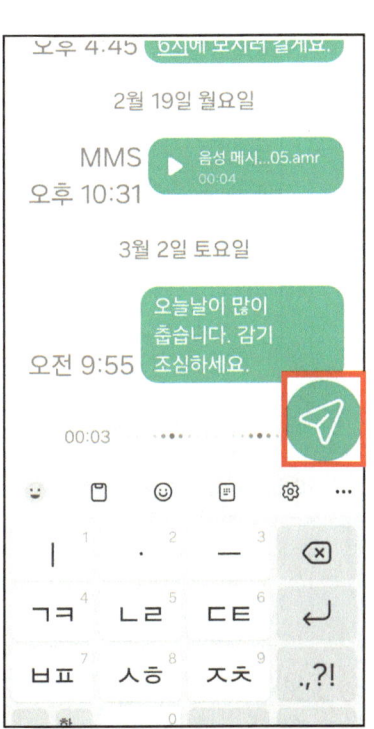

① 〰️ 을 누른 채로 보낼 메시지를 말해보세요.

② 녹음이 끝나면 손을 떼고 ➤ 를 눌러 보내요.

③ 음성파일을 눌러 내용을 들어봅니다.

33

📱 문자 메시지- 받은 메시지를 확인해요

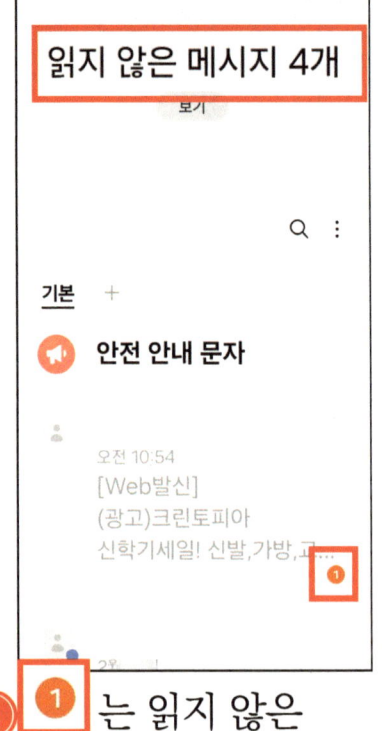

① 1 는 읽지 않은 메시지의 갯수입니다

② 1 가 있는 메시지를 눌러요.

③ 받은 메시지의 내용을 확인해요.

📱 문자 메시지- 스팸(광고성) 메시지를 차단해요

① 차단하려는 문자를 꾸~욱 눌러요.

② 오른쪽 아래의 더보기를 눌러요.

③ 차단을 선택해요.

문자 메시지- 잘못 차단된 메시지를 복원해요

통신사 인증 번호와 같이 필요한 메시지를 못받으신 적이 있나요?
잘못 차단된 메시지를 복원하는 방법을 알아봅니다.

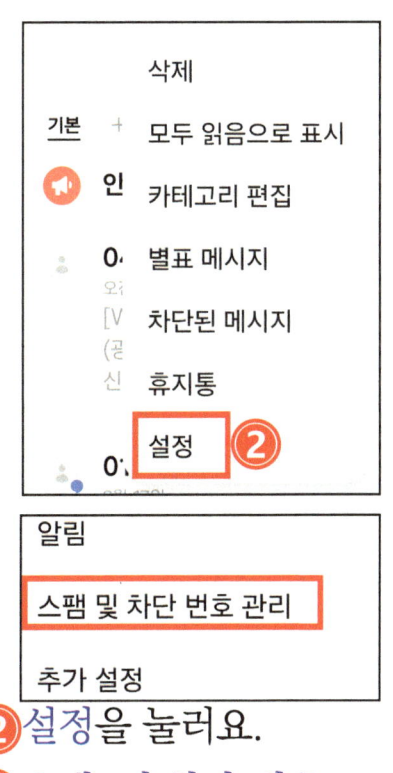

① ⋮ 를 눌러요.

② 설정을 눌러요.

③ 스팸 및 차단 번호 관리를 누릅니다.

④ 차단된 메시지를 눌러요.

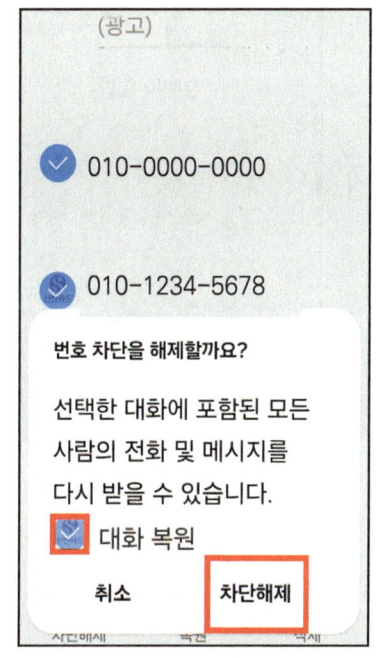

⑤ 차단된 메시지 목록 화면입니다.

⑥ 메시지를 선택한 후 차단해제를 눌러요.

⑦ 대화 복원 선택 후 차단해제를 누르면 모두 복원됩니다.

📱 문자 메시지- 수신 차단 번호를 해제해요

전화번호를 수신 차단 후 해제 하는 방법을 알아봅니다.

① ⋮ 를 눌러요.

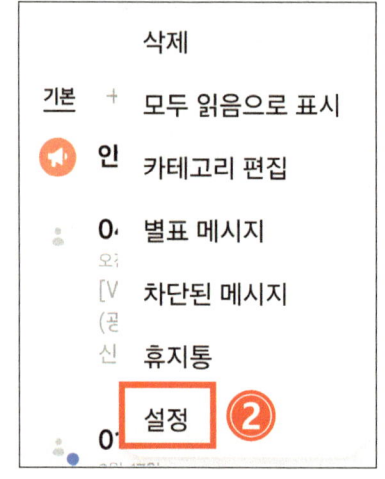

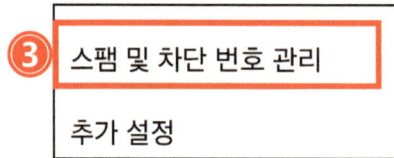

② 설정을 눌러요.
③ 스팸 및 차단 번호 관리를 누릅니다.

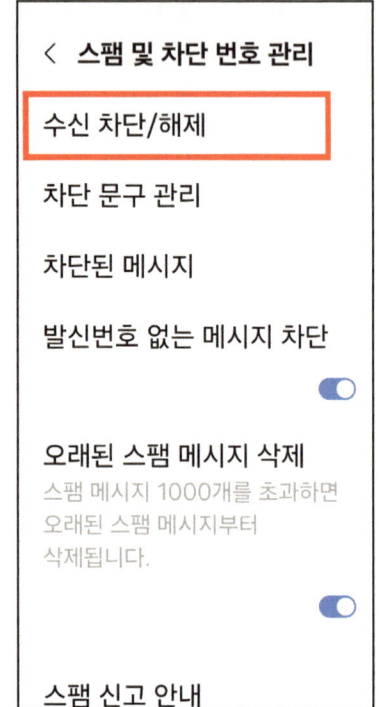

④ 수신 차단/해제를 누릅니다.

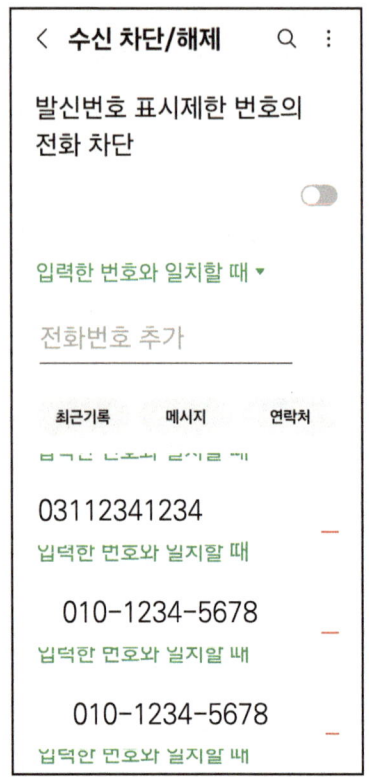

⑤ 차단된 전화번호 목록 화면입니다.

⑥ 전화번호 옆 (-)를 눌러요.

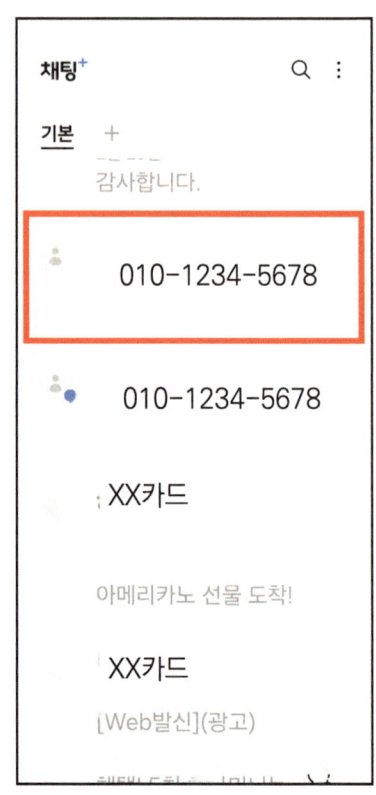

⑦ 차단된 메시지가 복원된 것을 확인할 수 있습니다.

📱 시계앱의 기능을 알아봐요

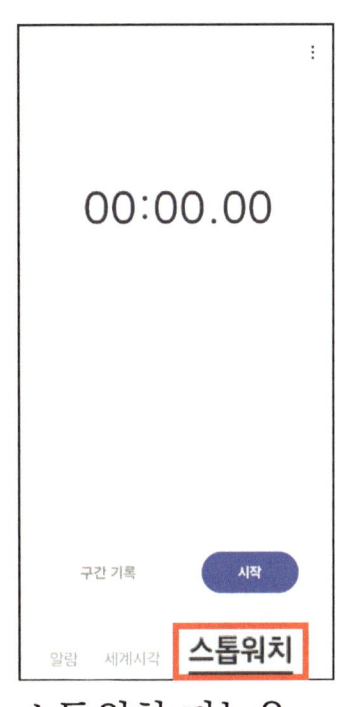

정한 시간에 알람을 설정합니다.

다른 나라의 시간을 확인해요.

스톱워치 기능을 사용해요.

설정한 시간이 끝나면 알림이 울려요.

📱 시계 알람 설정 해봐요

① ➕ 버튼을 눌러요.

② 알람시간 설정하기
 : 시간과 분을 위아래로 조절해서 시간을 선택해요.

③ 알람요일 설정하기
 : 희망요일을 선택해요.

④ 알람이름 설정하기
 : 알람이 울릴 때 알람이름을 볼 수 있어요.

⑤ 저장을 누르면
 : 알람 설정이 완료됩니다.

📱 시계 - 다른 국가의 시계를 설정해요

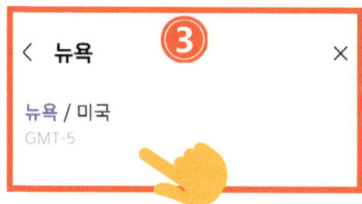

① ➕를 눌러주세요

② 지도를 움직여 도시를 찾거나 🔍를 눌러 지역을 입력해요.

③ 지역명을 눌러요.

④ 지역 이름을 추가 해요.

⑤ 〈세계시간탭〉에서 확인할 수 있어요.

📱 시계 - 타이머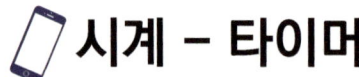

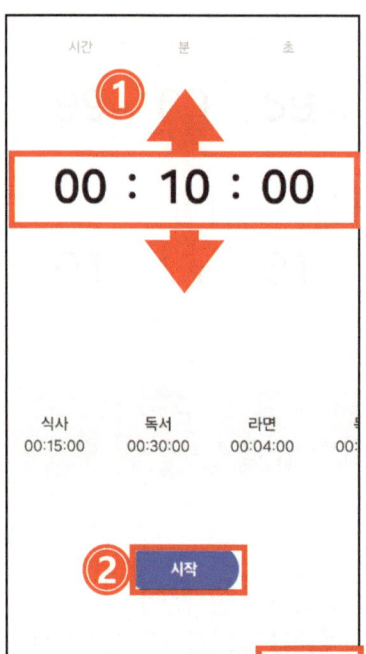
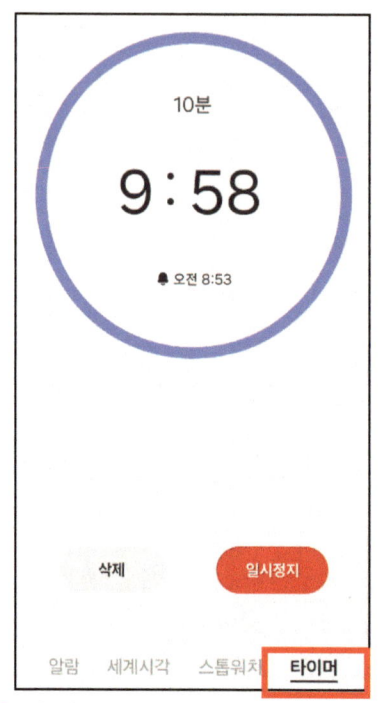

① 시간, 분, 초를 위 아래로 드래그하여 원하는 시간을 정해요.

② 시작을 눌러요.

③ 타이머가 실행되요.

④ 시간이 끝나면 알람이 울려요. 해제를 눌러주세요.

📱 계산기를 사용해요

단위 계산기- 다양한 단위를 확인 할 수 있어요

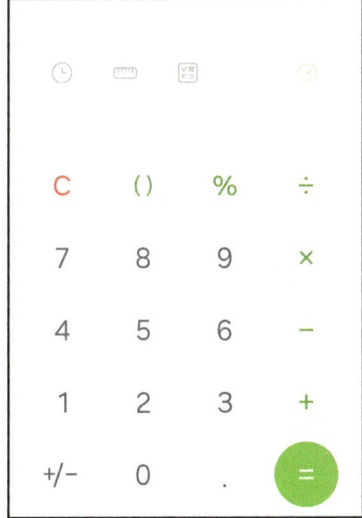

- 🕐 지난 계산기록을 확인, 삭제합니다.
- 📏 단위계산기. 면적, 길이, 온도 등이 있어요.
- √π 계산기를 가로 화면으로 바꿔줍니다.
- ⌫ 입력한 내용 지우기
- C 초기화, 처음으로 되돌아 갑니다.

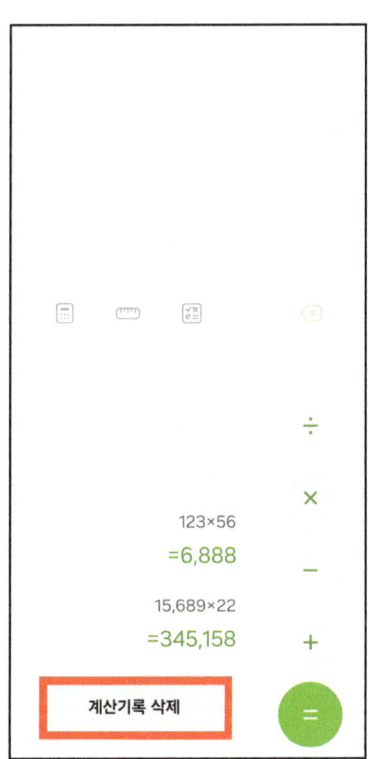

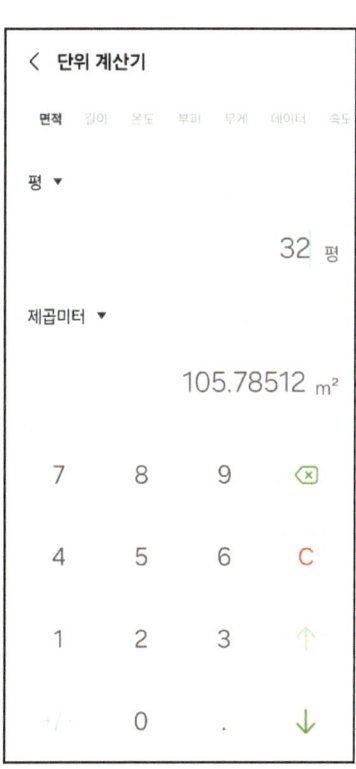

🕐 계산기록을 확인해요. 계산기록 삭제를 눌러 지난 기록을 지울 수 있어요.

📏 단위 계산기 입니다. ▼를 누르면 단위 목록을 볼 수 있어요. 어떤 단위를 바꿔보고 싶나요?
예) 32평은 105.78512제곱미터 인것을 알 수 있어요.

스마트폰 카메라.갤러리

	사진을 잘 찍는 방법	41
	카메라 기본화면	42
	카메라 설정하기	44
	촬영옵션과 촬영모드 살펴보기	45
	셀프카메라로 내 사진 찍어요	45
	갤러리앱	46

- 사진을 보는 다양한 방법
- 동영상만 따로 볼 수 있어요
- 콜라주 만들기
- 앨범 만들기
- 기능별 설명
- 편집
    - a. 자르기
    - b. 회전
    - c. 사진을 밝게
    - d. 스티커와 글자 넣기
- 사진을 삭제해요

📱 카메라 앱 - 사진을 잘 찍는 방법

✏️ 사진을 잘 찍고 싶어요. 좋은 방법이 있을까요?

1. 사진을 찍을 때는 밝은 자연광을 활용하세요.
   햇빛이 좋은 날에 찍는 것이 좋아요.

2. 셔터를 누르기 전에 화면을 살짝 눌러주세요.
   초점이 잡혀서 선명한 사진을 찍을 수 있어요.

3. 인물사진 모드를 활용하세요.
   음식이나 가까운 거리의 사람을 찍을 때는
   활용하면 좋습니다.
   배경을 흐리게 하여 대상을 돋보이게 합니다.

4. 촬영할 때 흔들리지 않도록 주의하세요.
   카메라의 설정에서 흔들림을 줄여주는 기능이
   있답니다.

5. 사진 촬영 시 뿌옇게 촬영되면 카메라 렌즈를
   닦은 후 촬영하세요.

6. 줌 기능을 사용해 보세요
   촬영 화면을 두 손가락으로 누른 상태에서
   펴거나 오므리세요.
   화면을 확대하거나 축소할 수 있어요.

7. 필터 / 뷰티 효과를 활용해 보세요.
   다양한 필터를 적용하거나 피부톤 또는 얼굴
   형태를 보정할 수 있습니다.

스마트폰 기종에 따라 설정할 수 있는 옵션이 달라집니다.

카메라 – 기본화면

기억에 남을 멋진 사진을 찍기 위해 카메라의 기본 기능에 대해서 살펴보겠습니다.

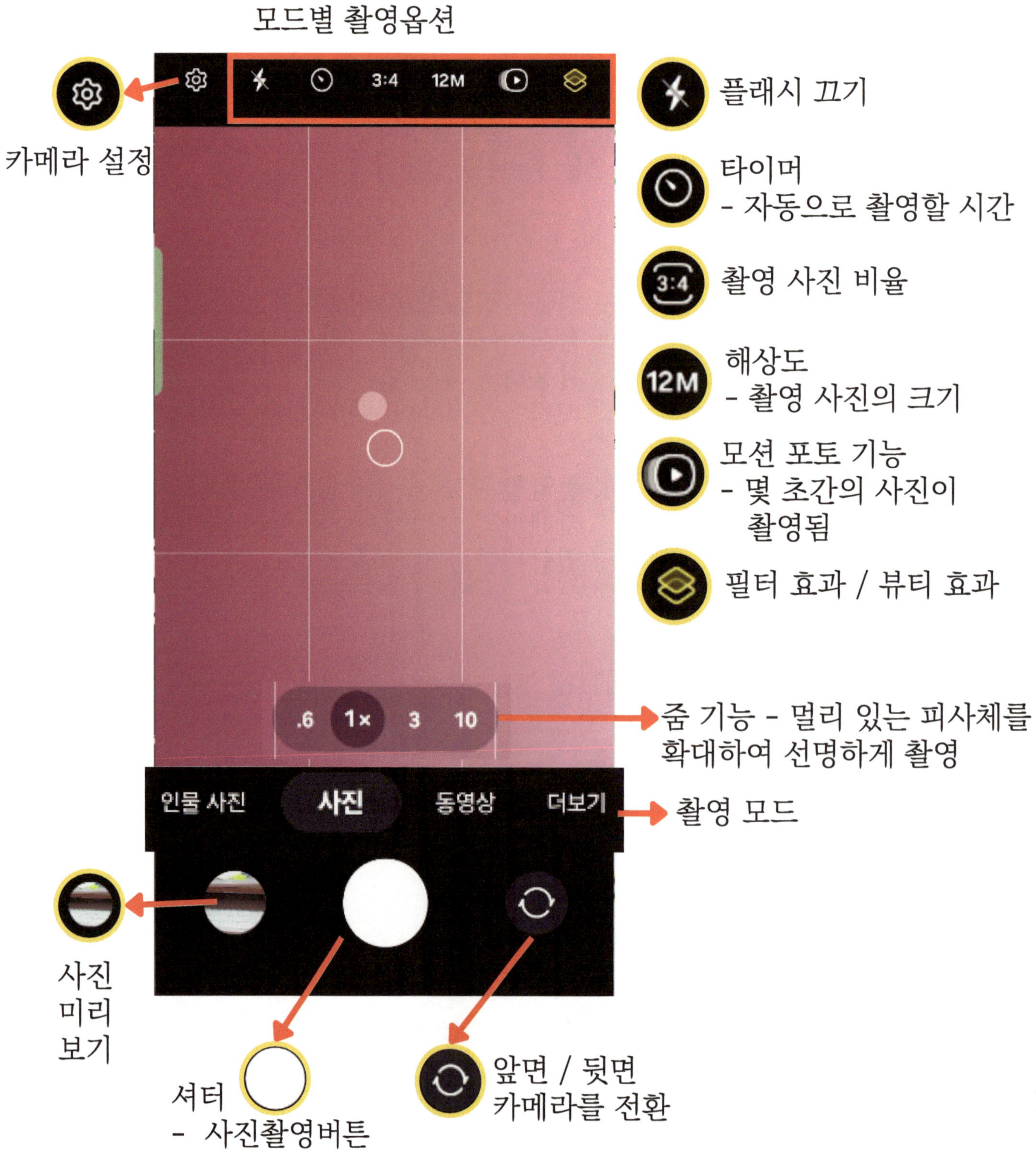
모드별 촬영옵션
카메라 설정
3:4
12M
플래시 끄기
타이머
- 자동으로 촬영할 시간
촬영 사진 비율
해상도
- 촬영 사진의 크기
모션 포토 기능
- 몇 초간의 사진이
촬영됨
필터 효과 / 뷰티 효과
.6
1×
3
10
줌 기능 – 멀리 있는 피사체를
확대하여 선명하게 촬영
인물 사진
사진
동영상
더보기
촬영 모드
사진
미리
보기
셔터
- 사진촬영버튼
앞면 / 뒷면
카메라를 전환

 카메라 - 기본화면

스마트폰의 카메라의 세부 기능을 알아볼까요?

● 플래시

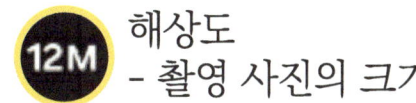 해상도
- 촬영 사진의 크기

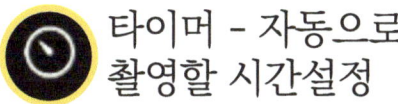 타이머 - 자동으로 촬영할 시간설정

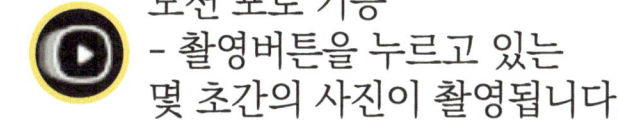 모션 포토 기능
- 촬영버튼을 누르고 있는 몇 초간의 사진이 촬영됩니다.

바로찍기 / 2초 후 / 5초 후 / 10초 후

● 촬영 사진 비율 - 숫자가 클수록 사진의 크기가 커집니다.

 필터 효과 / 뷰티 효과

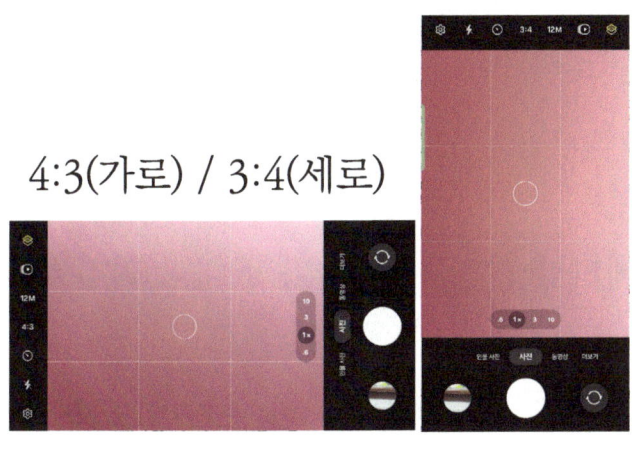

4:3(가로) / 3:4(세로)

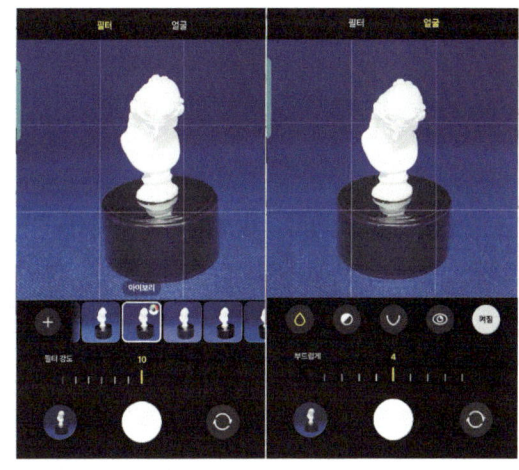

촬영 구도 추천에 따라 촬영해 봅니다. 격자무늬의 촬영구도 가이드에 맞춰서 찍으면 기울임을 방지할 수 있습니다.
가운데 노란색이 나오면 좋은 구도로 찍을 수 있어요.

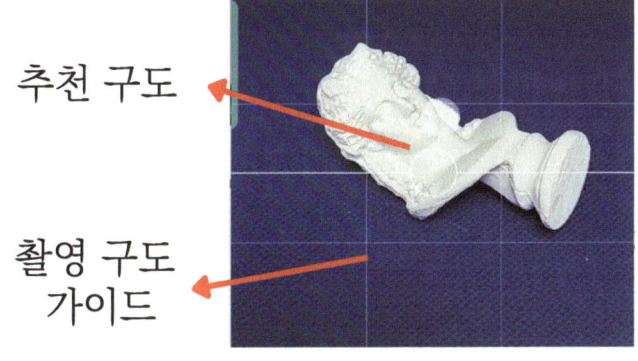

추천 구도

촬영 구도 가이드

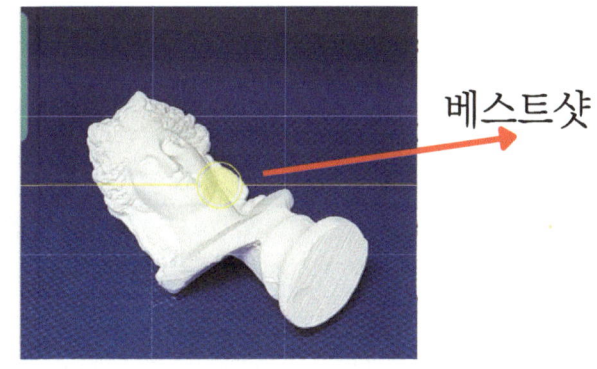

베스트샷

📱 카메라 - 카메라 설정하기

기억에 남을 멋진 사진을 찍기 위해 카메라의 기본 기능에 대해서 살펴 보겠습니다.

 카메라 설정(카메라 기능 중 추천 설정)

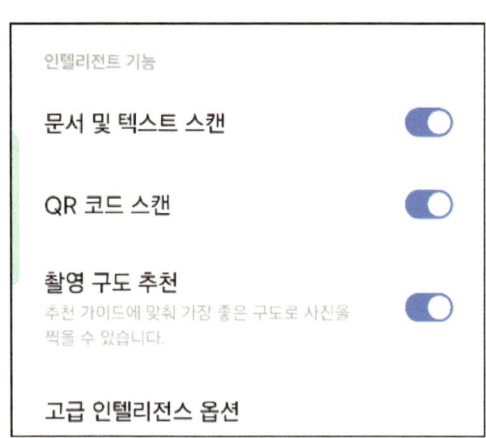

문서를 스캔하여 이미지로 만들 수 있어요.

QR코드(링크, 전화번호, 이미지 등의 정보가 저장됨)를 카메라로 읽을 수 있어요.

피사체(찍을 대상)의 위치와 각도를 계산해 가장 적합한 구도를 추천해 줍니다.

장면마다 색상을 자동으로 조절하여 가장 좋은 효과를 적용하도록 설정합니다.

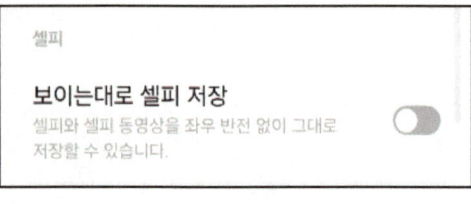

전면 카메라로 촬영 시 글씨가 반대로 찍힐 수 있어서 꺼두는 것이 좋습니다.

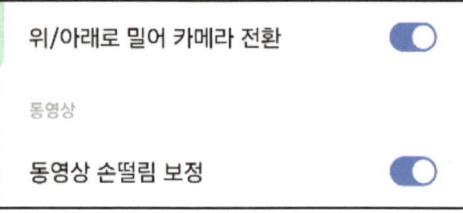

촬영 화면을 위 또는 아래로 밀어 카메라 화면을 전환하도록 설정합니다.

동영상 촬영시 화면이 흔들리는 것을 줄이거나 막아줍니다.

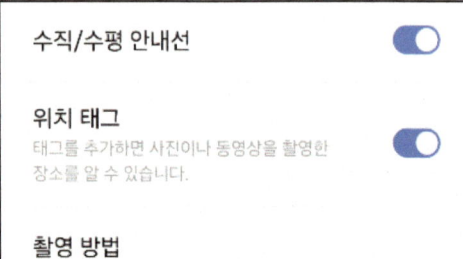

화면안에 보이는 구도선에 잘 맞추어 촬영하면 사진이 기울지 않게 찍을 수 있어요.

촬영지 위치 정보를 저장하도록 설정합니다. 다녀간 곳을 기억하기를 원한다면 켜두면 좋아요.

카메라가 손바닥을 인식하여 촬영을 해 줍니다.

📱 카메라 앱 - 촬영옵션과 촬영모드 살펴보기

스마트폰의 카메라의 세부 기능을 알아볼까요?

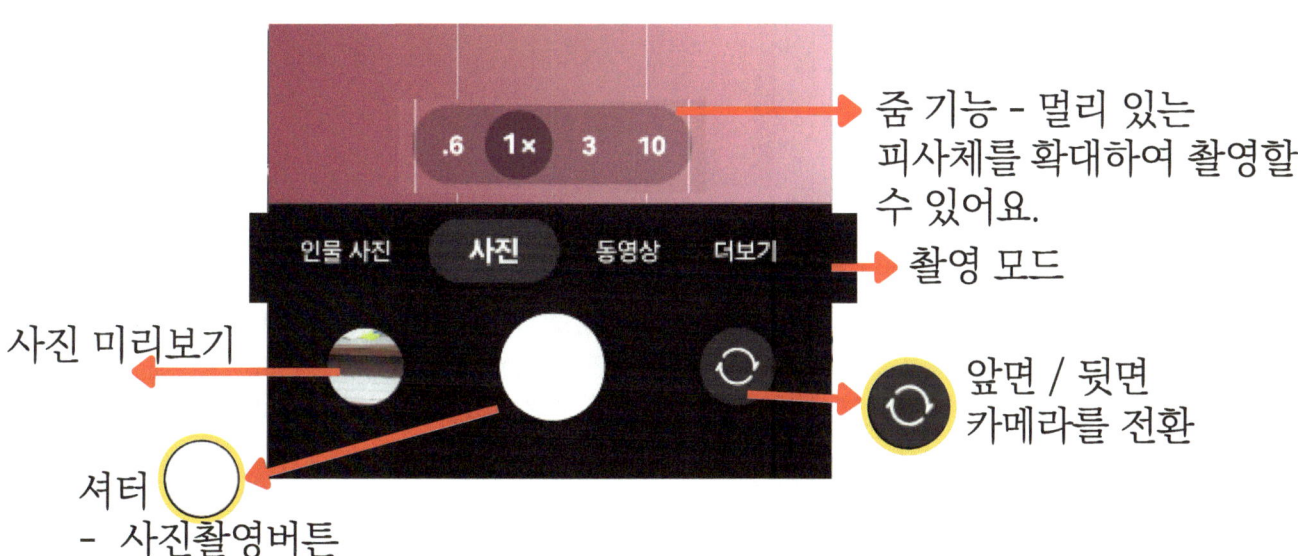

- 줌 기능 - 멀리 있는 피사체를 확대하여 촬영할 수 있어요.
- 촬영 모드
- 사진 미리보기
- 앞면 / 뒷면 카메라를 전환
- 셔터 - 사진촬영버튼

📱 카메라 앱 - 셀프카메라로 내 사진 찍어요

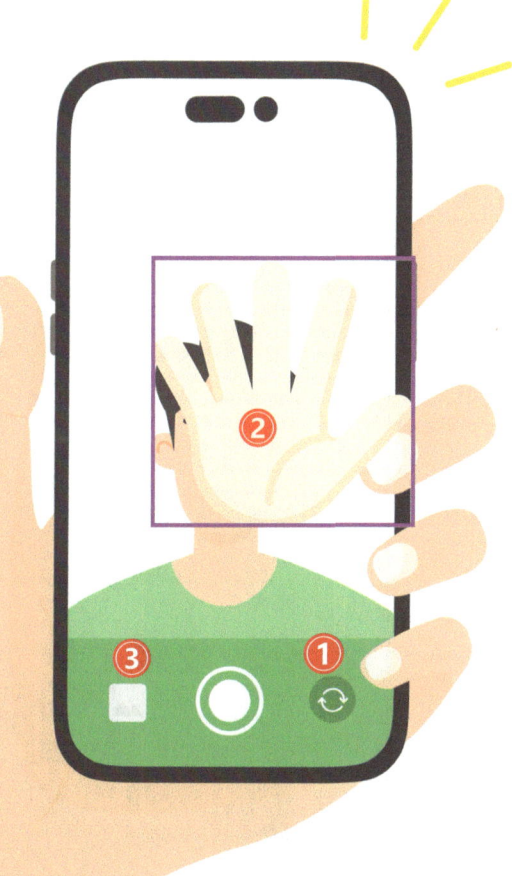

✏️ 셀프 사진을 편하게 찍어볼까요?
카메라 설정에서 **손바닥 내밀기**를 설정해 둡니다.

① 카메라 전환을 눌러 자신의 얼굴이 보이게 합니다.

② 스마트폰 화면에 자신의 손바닥을 보여주면, 카메라가 손바닥을 보고 촬영 준비를 합니다.
(그때는 손을 내려도 됩니다)
2, 1 숫자가 나온 후 자동으로 촬영되요.

③ 방금 촬영한 사진을 확인할 수 있어요. 예전에 찍은 사진을 보려면 갤러리 앱에서 볼 수 있어요.

📱 갤러리 앱 – 사진을 보는 다양한 방법

스마트폰에 저장된 사진 및 동영상을 확인하고 앨범별로 관리하거나 스토리를 만들 수 있습니다.

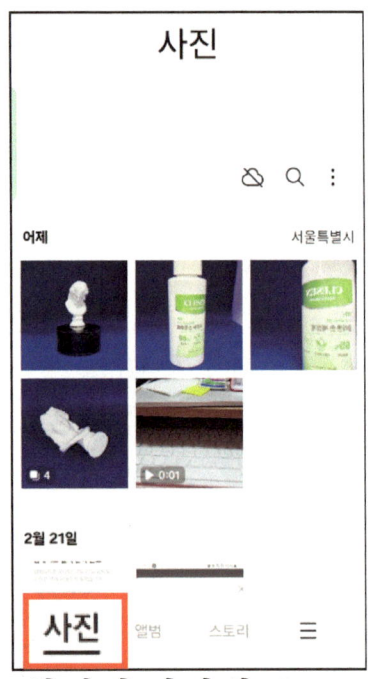

촬영된 날짜별로
사진을 볼 수 있어요.

앨범별로 사진을
구분할 수 있어요.

자동으로 만들어진
스토리를 감상해요.

📱 갤러리 앱 – 동영상만 따로 볼 수 있어요

① ≡ 눌러요.

② 동영상 눌러요.

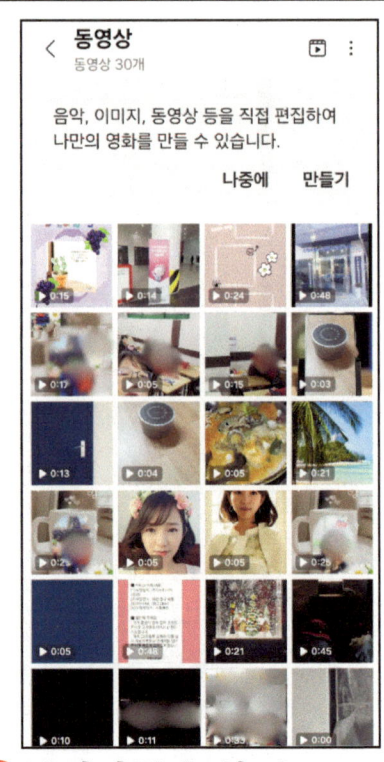

③ 동영상들을 볼 수
있어요.

📱 갤러리 앱 - 콜라주 만들기

⋮ 옵션 더보기 - 사진을 활용하여 콜라주를 만들어 봅니다.
〈더보기 → 만들기 → 콜라주 → 사진선택〉 순서로 누르면 만들어 집니다.
사진은 최대 6개까지 선택이 가능합니다.

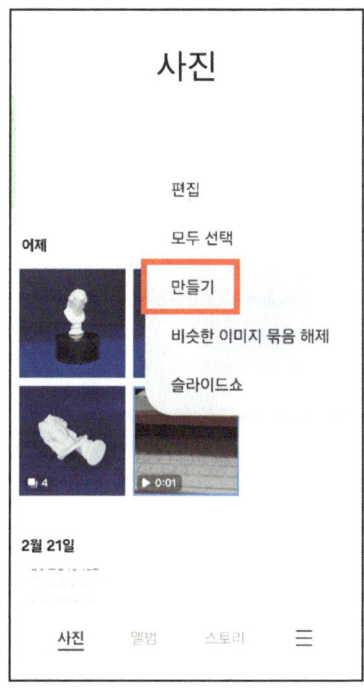

① 사진탭에서 만들기 선택해요.

② 콜라주 선택해요.

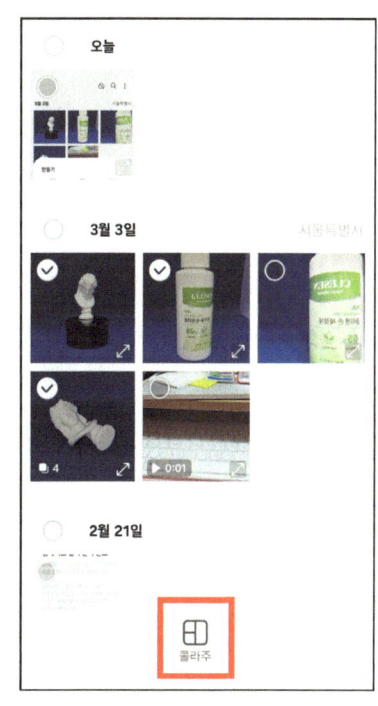

③ 사진을 선택 후 콜라주를 눌러요.

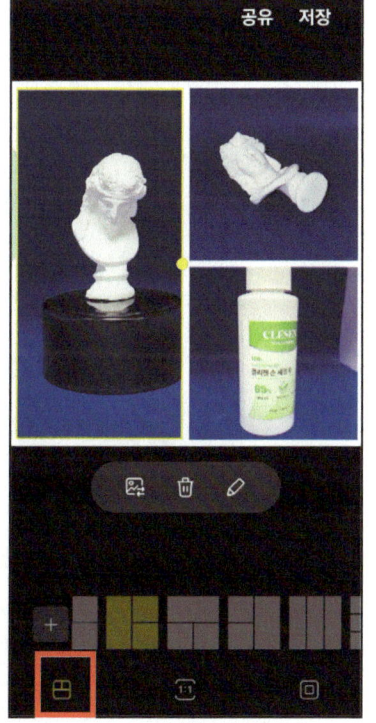

④ 콜라주 형태를 골라보세요.

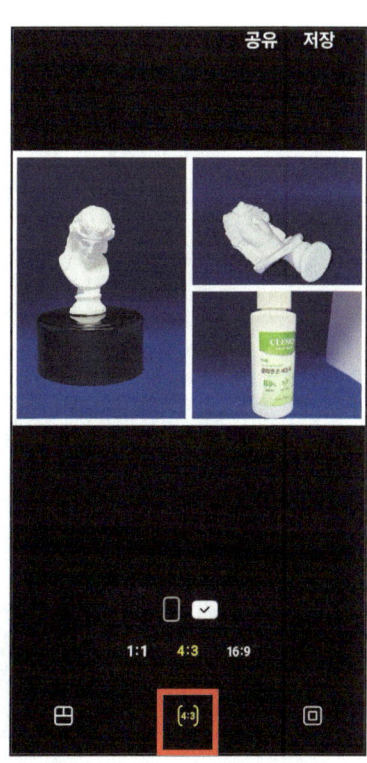

⑤ 비율과 모드 선택할 수 있어요.

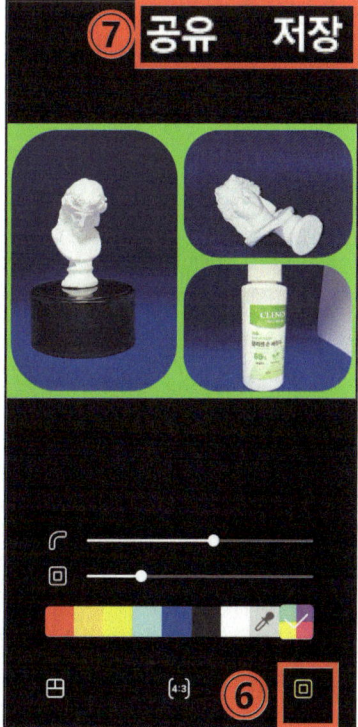

⑥ 테두리의 형태, 색도 다양하게 변형할 수 있어요.

⑦ 공유 - 친구에게 보낼 수 있어요. 저장 - 나의 갤러리앱에 저장됩니다.

📱 갤러리 앱 – 앨범 만들기

앨범을 직접 만들 수 있어요. 찍어둔 사진이나, 받은 사진을 항목별 날짜별로 분류해서 정리해두면 원하는 사진을 빨리 찾을 수 있습니다.

❶ 앨범탭에서 상단 ➕ 를 눌러요.

❷ 앨범을 선택합니다.

❸ 앨범 이름을 입력 후 추가를 눌러요.

❹ 카메라를 선택해요. (촬영한 사진을 앨범으로 옮길 거예요)

❺ 사진들을 선택 한 후 완료를 눌러요.

❻ 이동을 선택하세요. 만들어 둔 앨범에 사진이 옮겨졌어요.

📱 갤러리 앱 - 기능별 설명

사진의 정보나 편집을 도와주는 아이콘의 기능부터 알아봐요

❤️ 선택하면 좋아하는 사진을 찜할 수 있어요

✏️ 사진 편집 : 사진의 색을 바꾸거나 크기 변경

ⓘ 사진 정보 : 카메라설정에서 위치정보를 켜뒀다면 사진을 찍은 날짜, 장소, 시간, 카메라 기종까지 확인할 수 있어요.

〈 카톡이나 다른 매체로 공유할 때 사용합니다.

🗑️ 사진삭제. 휴지통에서 30일간 보관 후 자동삭제 됩니다.

📱 갤러리 앱 - 사진 편집 (자르기)

사진이 기울어져 있거나 사진의 크기를 바꾸고 싶을 때 자르기 기능을 사용합니다.

① ✏️ (편집)을 눌러요.   ② ✂️ 선택해요.   ③ 사진의 크기를 조절한 다음 저장을 눌러요.

📱 갤러리 앱 – 사진편집(회전)

❶ 🔄 (왼쪽회전)을 누르면 사진이 90도 회전합니다.   ❷ 저장을 누르면 변화된 사진이 저장됩니다.

📱 갤러리 앱 – 사진편집(밝고 환한 사진 만들기)

❶ 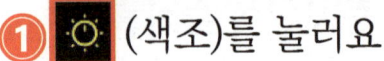 (색조)를 눌러요.   ❷ Auto 를 누르면 자동으로 밝게 바뀝니다.   ❸ 저장을 누르면 변화된 사진이 저장됩니다.

📱 갤러리 앱 – 사진편집 (스티커와 글자 넣기)

① ✏️ 를 눌러요.

② 😊 를 눌러요.

③ 스티커 를 눌러요.

④ 스티커를 선택해서 눌러요.

⑤ 손가락을 이용해 스티커를 원하는 곳에 놓아요.

⑥ 텍스트 를 눌러요.

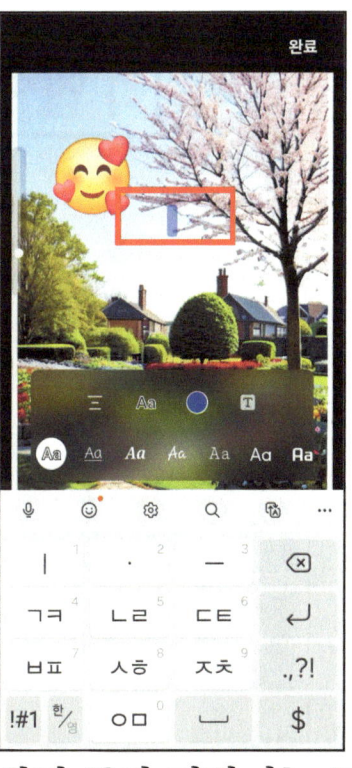

⑦ 화면 중간 깜빡이는 곳이 보여요.

📱 갤러리 앱 – 사진편집 (스티커와 글자 넣기)

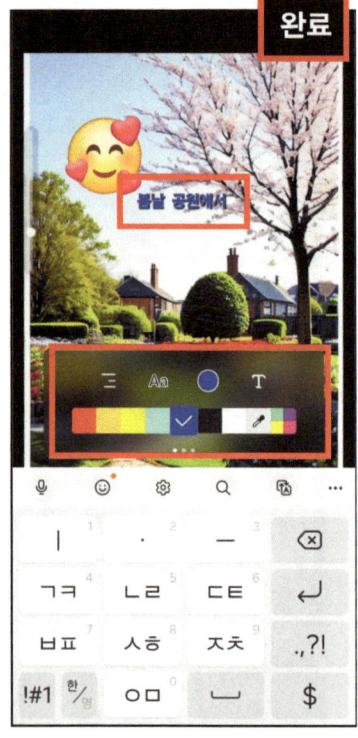  

⑧ 글자색을 선택하고 글자를 쓰고 완료 를 눌러요.

⑨ 글자를 썼다면 손가락을 이용해 글자를 원하는 곳에 놓아요.

⑩ 두 손가락을 이용해 글자크기를 조정해요. 저장 을 눌러요.

📱 갤러리 앱 – 사진을 삭제 해요

  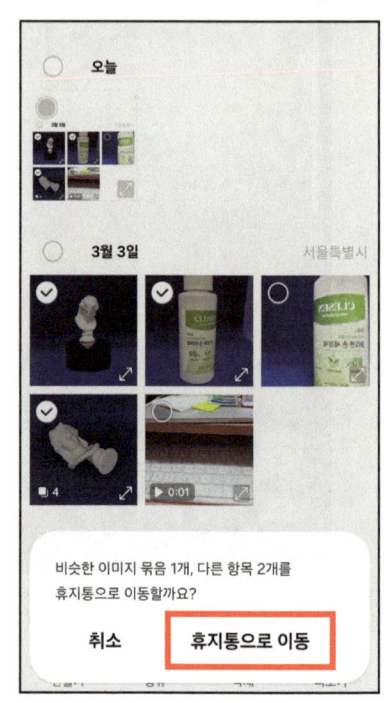

① 삭제할 사진을 꾸~욱 눌러요.

② 삭제를 눌러요.

③ 휴지통으로 이동을 누르면 삭제됩니다.

카카오 톡

기본화면 살펴보기	54
내정보 알아봐요	55
프로필 사진 변경해요	56
내 프로필 이름과 상태메시지 변경해요	57
나와의 채팅	58
친구 추가해요	59
친구 관리하기 – 숨김하기	60
나만 보는 친구 메모 기능	61
채팅방 상단 고정해요	62
홈 화면에 바로가기 추가해요	62
새로운 친구와 채팅 해봐요	63
이모티콘을 보내봐요	64
# 검색으로 환율 알아봐요	64
채팅방 사용법	65

- 사진 묶어보기
- 보이스톡/ 페이스톡
- 지도 보내기(위치 공유)
- 음성 메시지 보내요

카카오톡 – 기본화면 살펴보기

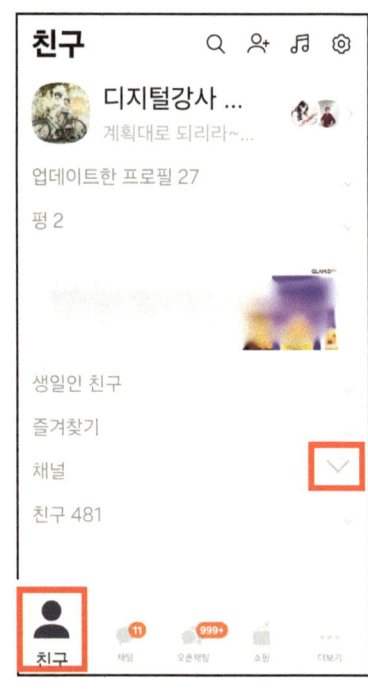

① 🔍 이름이나 닉네임으로 상대방 검색하기

② 👤+ 카톡친구 추가하기

③ 🎵 친구의 프로필 뮤직을 볼 수 있어요

④ ⚙ 카톡설정앱(편집, 친구관리, 전체설정)

⑤ ⌄ 누르면 목록이 펼쳐져요

   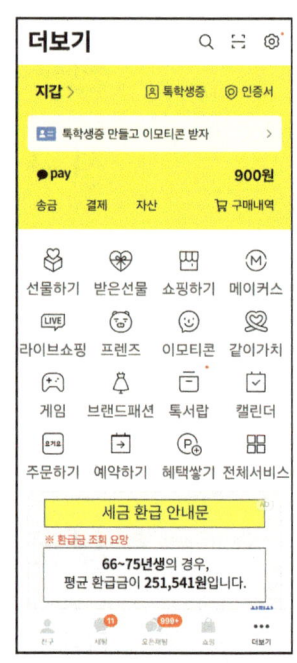

카카오톡 친구와 대화하는 채팅방 목록이 있어요.

오픈채팅방 목록이 있어요.

톡친구에게 선물하거나 쇼핑할 수 있어요.

더보기-카카오페이 등 다양한 추가기능을 활용할 수 있어요.

1. **일반 채팅**은 카카오톡 친구로 등록된 사람들과 대화를 나누는 채팅방으로, 대화 상대를 직접 선택하거나 단체 채팅방을 만들어 초대할 수 있습니다. 친구 관계이기 때문에 상대방과 자신에 대한 정보를 알 수 있습니다.

2. **오픈채팅**은 카카오톡 친구가 아닌 사람들과도 대화를 나눌 수 있는 채팅방입니다.

카카오톡 - 내 정보 알아봐요

① 친구탭 눌러주세요.   ② 친구탭에서 내 이름을 눌러주세요.   ③ ⚙ (설정)을 눌러요.

④ 나의 전화번호와 '이메일'을 확인할 수 있어요.

⑤ 나의 카카오톡 아이디를 확인할 수 있어요.
   만약 없다면 추가로 만들 수 있습니다.

⑥ 나의 카톡 프로필QR 이미지를 볼 수 있어요.
   카톡 친구 추가시 상대방에게 보여주고,
   상대방이 이 QR이미지를 찍어서 추가할 수 있어요.

카카오톡 - 프로필 사진 변경하기

① 친구탭에서 **나**를 눌러요.

② 프로필 편집을 눌러요.

③ 카메라를 눌러요.

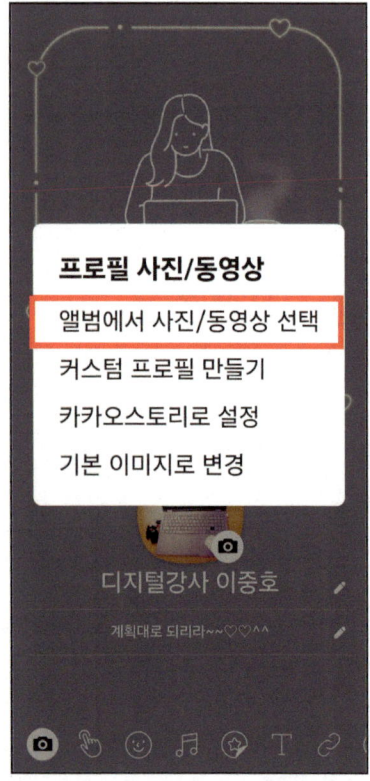
④ 앨범에서 사진/동영상 선택을 눌러요.

⑤ 나를 표현할 사진을 선택해요.

⑥ 오른쪽 상단 확인을 눌러요.

📱 카카오톡 - 내 프로필 이름과 상태메시지 변경해요

❼ 이름 옆의 연필을 눌러요.

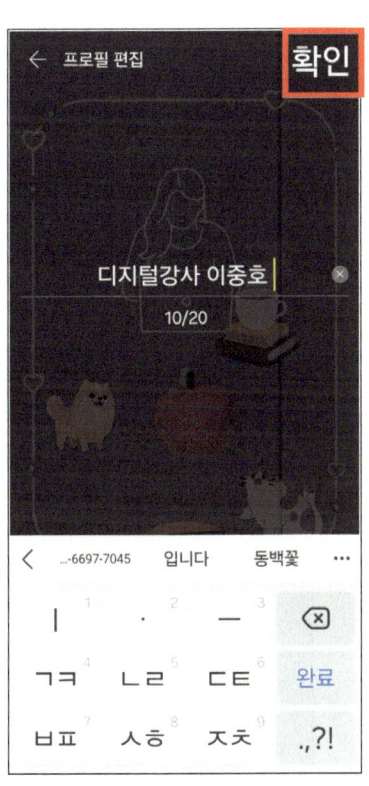

❽ 이름을 변경해요. 확인을 눌러요. (20자까지 가능)

❾ 소개글 옆에 연필을 눌러요.

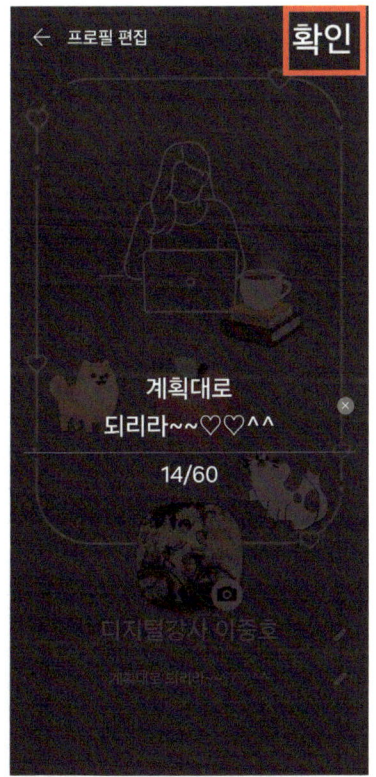

❿ 나를 소개할 멋진 글을 쓰고(60자 까지 쓸 수 있어요)확인을 눌러요.

⑪ 완료를 눌러요.

⑫ 이름과 소개글이 변경 되었어요.

카카오톡 - 나와의 채팅

나와의 채팅창를 개인 메모장, 일정관리, 사진 저장용으로 활용해봐요.

▶▶ 방법 1 - 친구탭에서 들어가기

① 👤에서 나를 눌러요. ② 나와의 채팅을 눌러요. ③ 개인 메모기능으로 활용할 수 있어요.

▶▶ 방법 2 - 홈화면 카카오톡에서 들어가기

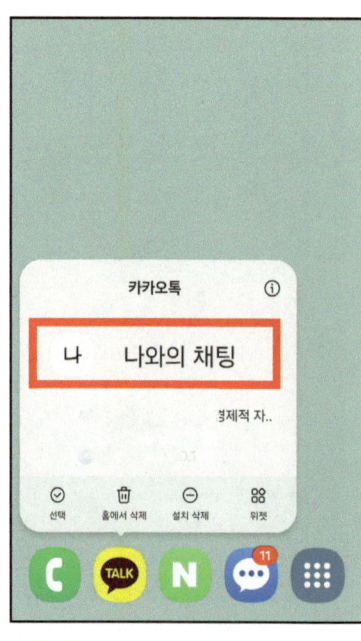

① 카카오톡을 꾸~욱 눌러요. ② 나와의 채팅을 눌러요. ③ 나와의 채팅이 열립니다.

카카오톡 – 친구 추가해요

① 친구탭에서 상단 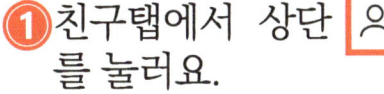를 눌러요.

② 본인의 QR코드가 나타나요. 상단 🔲를 눌러요.

③ 카메라가 열리면 상대의 QR를 비추세요.

친구 추가 할 상대방의 카카오톡 친구탭에서 상단 🧑‍🤝‍🧑를 눌러서 친구의 QR코드가 나타나게 합니다.

🔲를 눌러 열린 QR 카메라로 QR코드에 대면 친구 추가 되요.

내 QR코드를 상대방의 카메라에 비추면 상대가 나를 친구 추가 할 수 있어요.

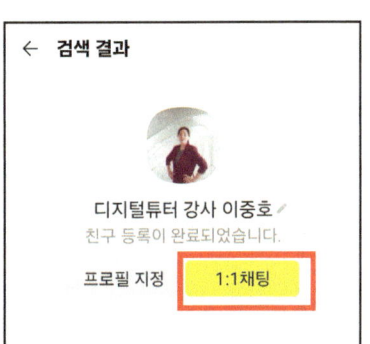

④ 친구추가를 눌러요.

⑤ 1대1 채팅을 눌러요.

⑥ 친구가 추가 되었어요. 인사말을 남겨요.

📱 카카오톡 - 친구 추가해요

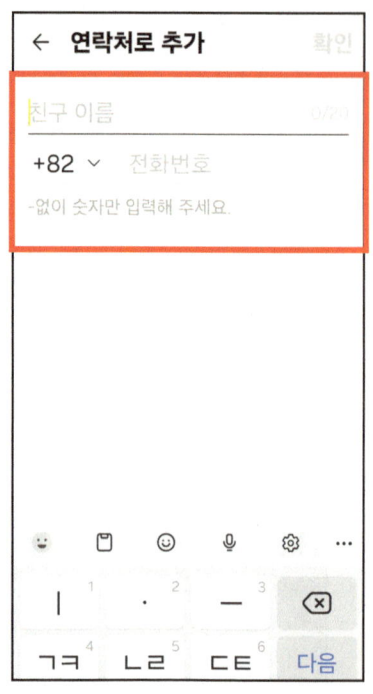

친구의 아이디를 입력하고 추가합니다.

친구의 이름이나 전화번호로 친구추가 해요.

알 수도 있는 친구를 추천해줍니다.

📱 카카오톡 - 친구관리 숨김하기

오랫동안 대화하지 않던 친구를 숨겨둘 수 있는 기능입니다.

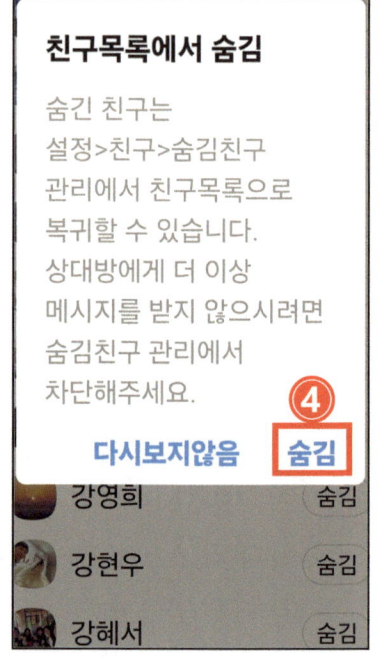

① 설정을 눌러요.
② 편집을 눌러요.

③ 목록에서 숨기고 싶은 친구 옆 숨김을 눌러요.

④ 숨김을 누르면 친구목록에서 사라져요.

📱 카카오톡 – 나만 보는 친구 메모 기능

▶▶▶ 친구 메모 추가 해봐요

 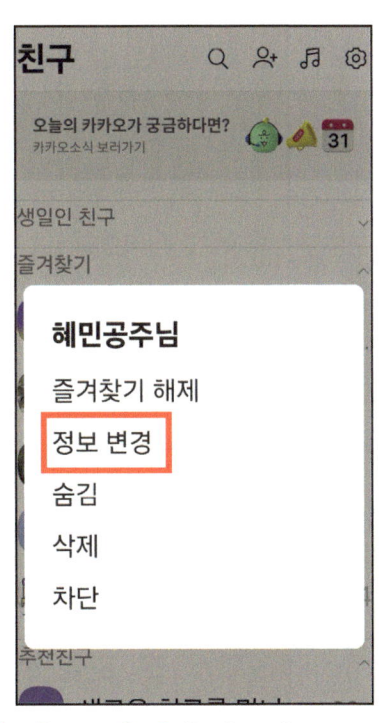 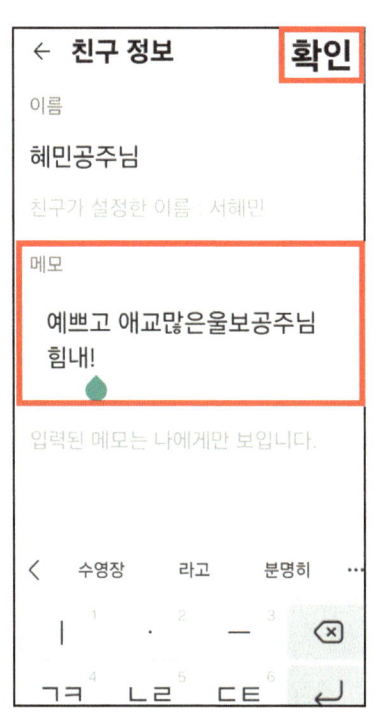

① 친구목록에서 친구 이름을 꾸~욱 눌러요.　② 정보 변경을 눌러요.　③ 친구에 대해 메모를 입력하고 확인을 눌러요.

▶▶▶ 친구 메모(정보변경)을 확인 수정 해 봐요

① 친구탭에서 친구를 눌러요.　② 메모를 보려면 이름이나 연필모양을 눌러요.　③ 내가 저장한 친구정보를 확인하고 수정도 할 수 있어요.

📱 카카오톡 - 채팅방 상단 고정해요

가족, 친구 모임 등 자주 대화하는 채팅방을 맨 위에 고정해 둘 수 있어요.

상단고정은 최대 5개만 가능합니다.

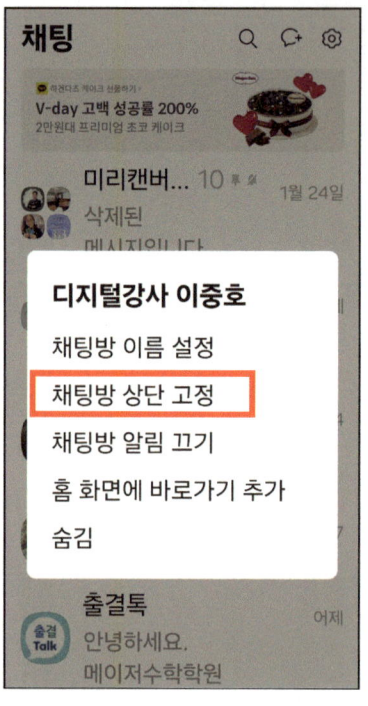

① 채팅방을 꾸~욱 누른 후 채팅방 상단 고정을 눌러요.

② 📌으로 고정됩니다.

📱 카카오톡 채팅창을 홈 화면에 바로가기 추가해요

카카오톡을 켜지 않고 〈홈화면〉에서 가족, 친구와의 카톡창을 바로 열 수 있어요.

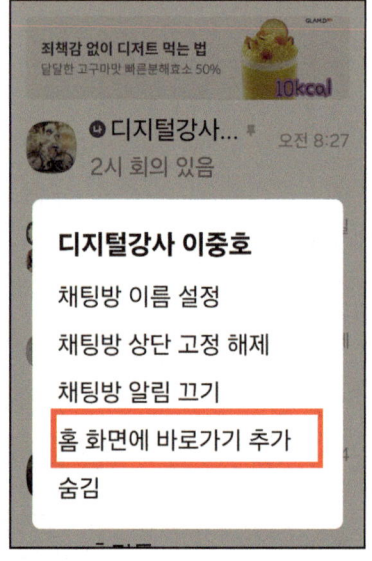
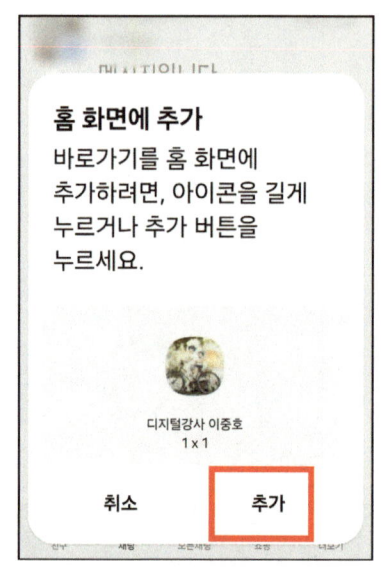
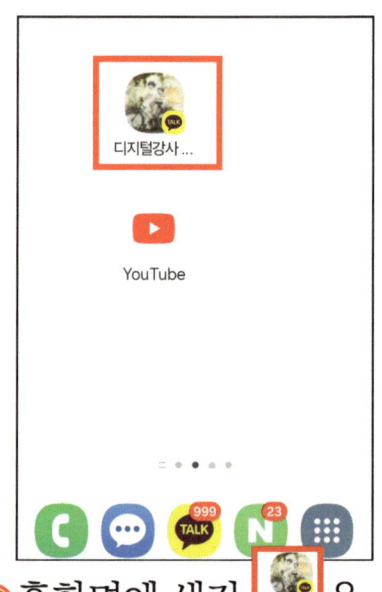

① 채팅방을 꾸~욱 누른 다음 화면 바로가기 추가를 눌러요.

② 추가를 눌러요.

③ 홈화면에 생긴 디지털강사..을 누르면 카톡채팅창이 열려요.

📱 카카오톡 - 새로운 친구와 채팅 해봐요

① 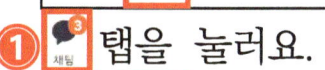 탭을 눌러요.
② 상단 을 눌러요

③ 일반채팅을 눌러요.

④ 대화상대를 선택하고 확인을 눌러요.

⑤ 대화창을 눌러요.

⑥ 메시지를 입력하고 ▶를 눌러요.

⑦ 메시지가 전달됩니다.

카카오톡 - 이모티콘을 보내봐요

① 😊 을 눌러주세요.

② 이모티콘을 선택.
③ ▶ 눌러서 보내요.

④ 응원, 칭찬, 감사 등으로 사용해 보세요.

카카오톡 - # 검색으로 환율 알아봐요

카카오톡 채팅창에서 바로 검색어를 입력하여 원하는 정보를 빠르게 찾을 수 있는 기능입니다.

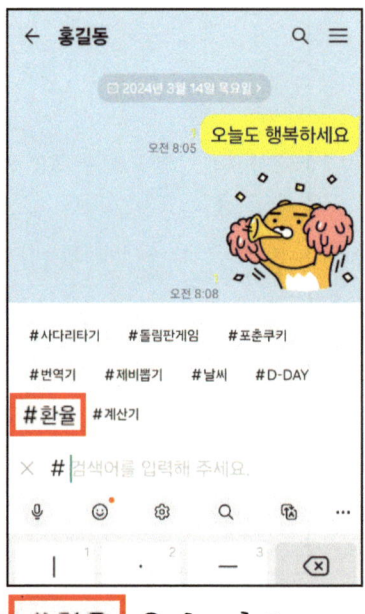

① # 을 눌러주세요.

② #환율 을 눌러요.

③ 달러, 엔, 유로 등 환율을 알아볼 수 있어요.

카카오톡 - 사진 묶어보내기

① ➕ 누르고 앨범을 눌러요.

② ▦ 전체를 눌러요.

③ 갤러리 전체 사진을 볼 수 있어요.

④ 사진을 선택해요.

⑤ ✓ 사진 묶어보내기를 선택한 후 5 전송을 눌러요.

⑥ 5개의 사진을 묶어서 전송합니다.

📱 카카오톡 - 보이스톡 하기

① ➕를 눌러요. ② 통화하기를 눌러요. ④ 통화가 끝나면 🔴를
③ 보이스톡을 눌러요. 눌러서 종료 합니다.

📱 카카오톡 - 페이스톡 하기

① ➕를 눌러요. ② 통화하기를 눌러요. ④ 빨강전화를 누르면
③ 페이스톡을 눌러요. 페이스톡이 종료되요.

카카오톡 - 지도보내기(위치를 공유해요)

  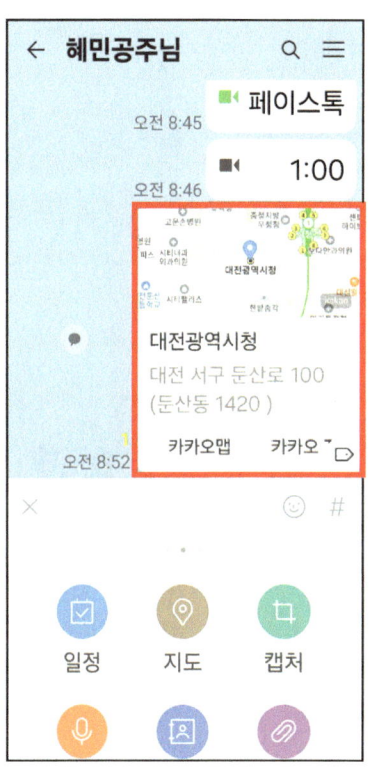

① 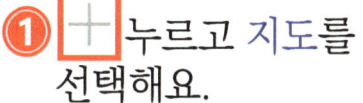 누르고 지도를 선택해요.

② 위치정보 보내기를 눌러 주세요.

③ 상대에게 내 위치가 전송 됩니다.

카카오톡 음성메시지 보내요

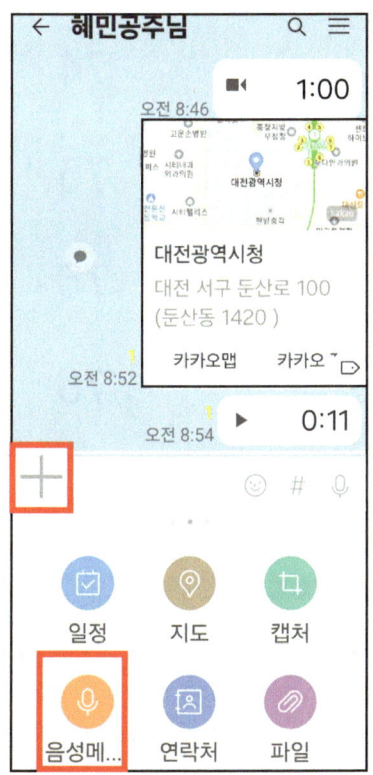 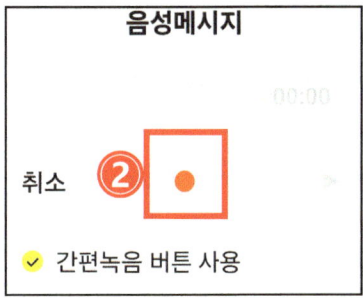 

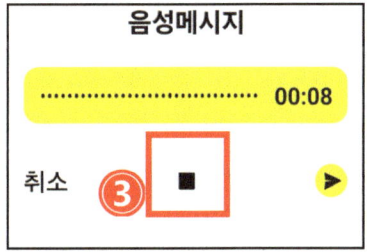 

① ➕ 누르고 음성메시지를 눌러요.

② ● 을 선택 후 말하여 녹음을 시작해요.

③ ■ 멈춤버튼을 눌러 녹음을 종료합니다.

④ ▶ 를 눌러요.

⑤ 보낸 음성파일을 누르면 재생이 되요.

유튜브

화면 메뉴 알아보기   69

화면 밝기를 바꿔봐요   70

채널구독해요   71

더보기로 영상에 대한 설명을 볼수 있어요   72

좋아요, 댓글, 공유하기   72

화면 크게 봐요   73

화면 설정 방법을 알아봐요   74

숏츠 영상을 알아봐요   75

말로 검색하기   76

노래 검색하기   76

📱 유튜브 화면 메뉴 알아보기

전 세계 최대 규모의 온라인 비디오 플랫폼 중 하나로 다양한 종류의 영상 콘텐츠를 시청할 수 있습니다. 연령대별 맞춤 추천 알고리즘으로 내 취향에 맞는 영상을 추천받기도 합니다.

① **기기를 연결하여 유트브 시청하기** - 스마트 TV나 다른 기기를 연결하여 TV에서 유튜브를 시청 할 수 있어요.

② **알림** - 구독한 채널, 맞춤 동영상, 내 채널의 활동 등 내가 설정해 놓은 채널의 알림을 수신할 수 있어요.

③ **돋보기** - 내가 원하는 정보를 직접 찾을 수 있어요. 돋보기를 누른 후 찾고자 하는 채널 또는 인물 이름을 쓰고 자판의 돋보기를 눌러서 정보를 찾아요.

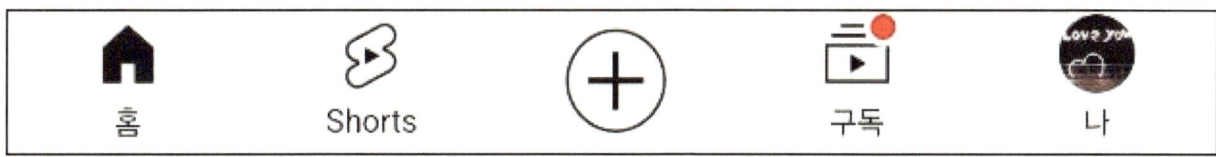

④ 유튜브 첫 화면으로 이동해요.

⑤ 유튜브 Shorts(숏츠)란 60초 이하의 짧은 동영상 콘텐츠를 말해요.

⑥ 동영상, 쇼츠, 실시간 스트리밍 시작등 내 게시물을 만들어 유튜브에 올릴 때 사용해요.

⑦ 내가 구독하고 있는 채널을 볼 수 있어요. 구독한 채널을 해제 할 수 있어요.

⑧ 나의 계정정보(아이디, 채널명, 채널소개 등)를 확인 할 수 있어요.

📱 유튜브 - 화면 밝기 바꿔봐요

유튜브앱의 기본 화면은 어둡게 설정되어 있습니다.
밝은 화면으로 사용하고 싶다면 다음과 같이 따라해 볼까요?

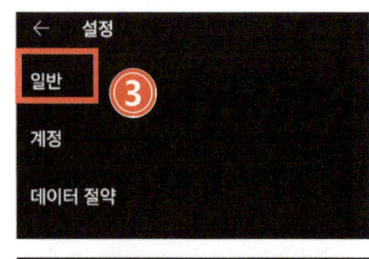
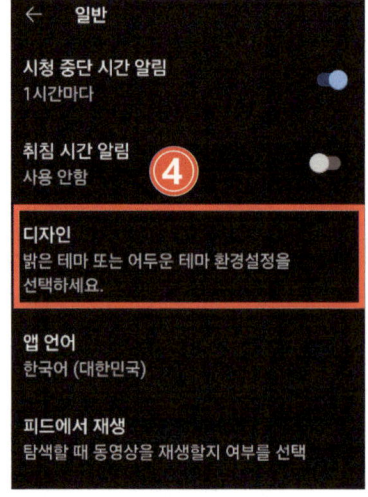
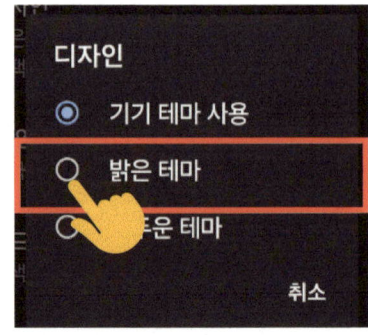

① '나'를 눌러요.
② '설정'을 누릅니다.
③ 일반을 눌러요.
④ 디자인을 누릅니다.
⑤ 밝은 테마를 선택하면 유튜브의 전체 화면이 밝은 색으로 바뀝니다.

밝은 화면과 어두운 화면의 예시를 보고, 주변상황과 밝기에 따라
화면의 밝기를 조절해서 사용해 보세요. 눈의 피로를 줄여줍니다.

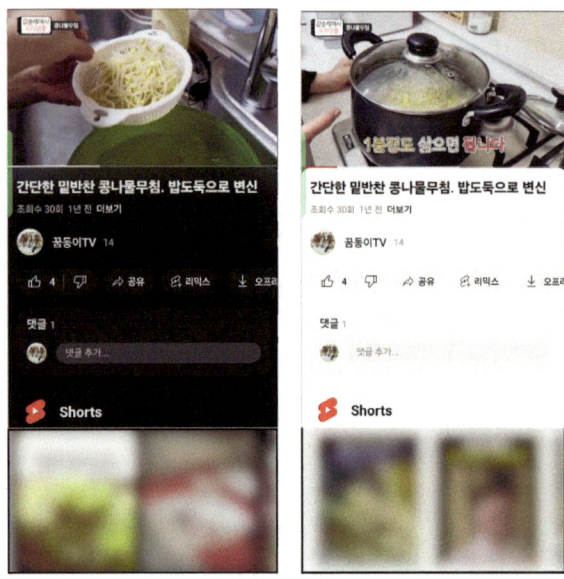
유튜브 홈화면

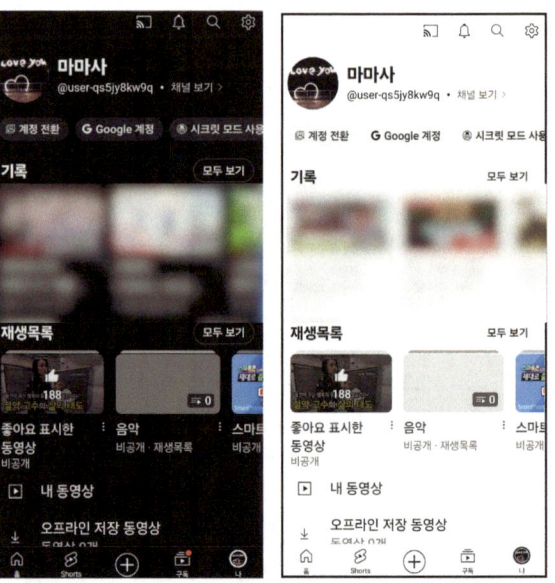
내 채널 화면

📱 유튜브 - 채널 구독해요

구독 버튼을 클릭하면 해당 채널의 최신 영상이 업데이트 될 때마다 알림을 받을 수 있습니다.

① 영상이 좋아서 다음 영상도 보고 싶다면 채널 이미지를 눌러요.

② 구독을 누르면 채널의 새로운 소식이 알림으로 받을 수 있어요.

③ 구독중을 눌러요.

④ 알림을 설정하거나 구독 취소를 할 수 있어요.

동영상, Short, 재생목록을 하나씩 눌러서 구독한 채널의 다양한 영상을 더 많이 볼 수 있습니다.

📱 유튜브 더보기로 영상에 대한 설명을 볼 수 있어요

더보기를 눌러보세요.
영상에 대한 제작자의 설명을 볼 수 있습니다.

📱 유튜브 - 좋아요, 댓글, 공유하기

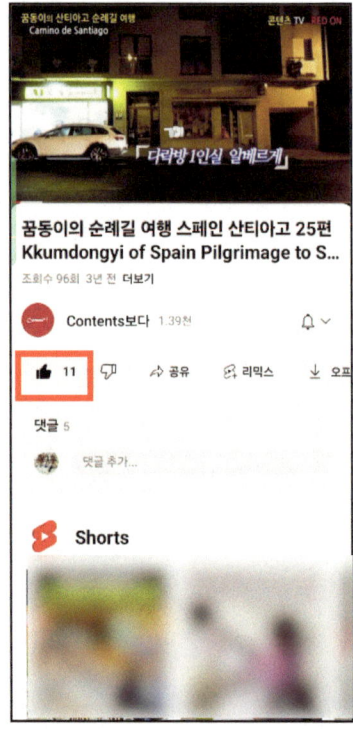  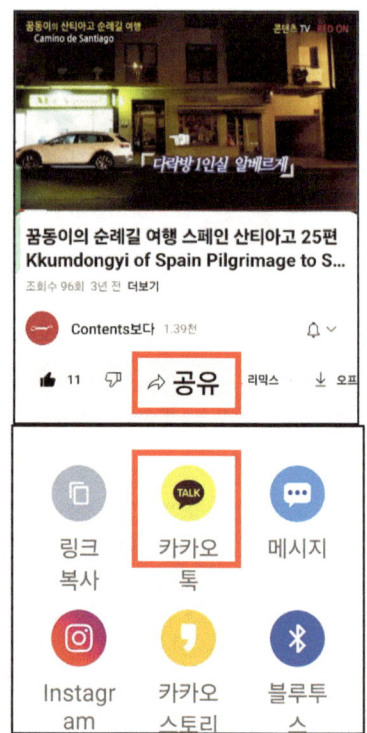

① 영상이 마음에 든다면 **좋아요**를 눌러요.

② 영상을 보고 **댓글**을 쓸 수 있어요.

③ 친구나 가족에게 카톡으로 **공유**해요.

📱 유튜브- 화면 크게 봐요

유튜브 영상을 크게 보거나 작게 보는 방법 2가지를 알아봅니다.

⏩ 방법 1 - 확대/축소버튼 사용

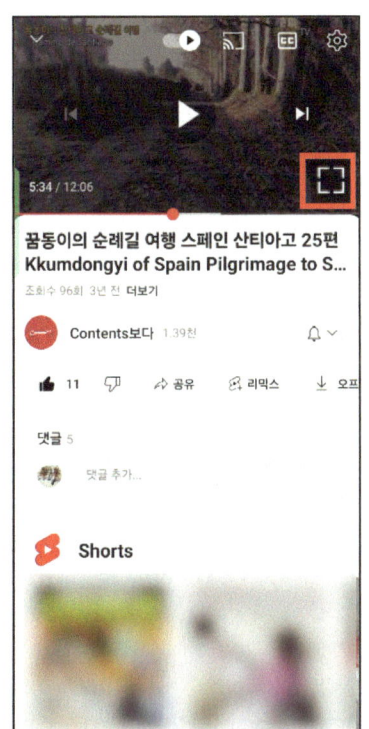

① 오른쪽 하단 ⬚ 를 눌러요.
　가로로 회전하여 화면을 크게 볼 수 있어요.

② 오른쪽 하단 ✥ 를 눌러요.
　세로로 회전하여 화면을 작게 볼 수 있어요.

⏩ 방법 2 - 손가락으로 위/아래로 밀어요

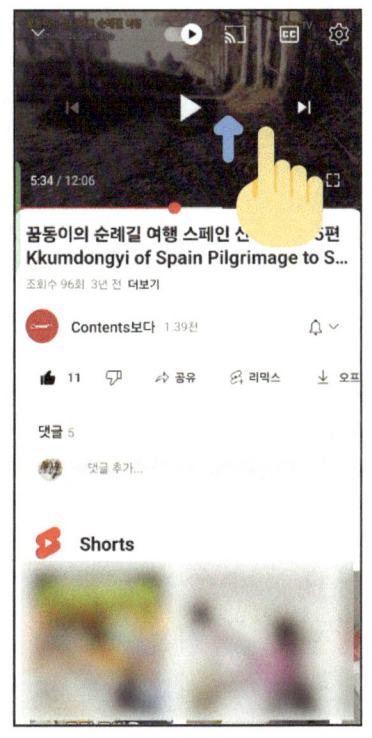

① 화면 위로 밀어 올려요.
　가로로 회전하여 화면을 크게 볼 수 있어요.

② 화면 아래로 쓸어 내려요.
　세로로 회전하여 화면을 작게 볼 수 있어요.

📱 유튜브 - 화면 설정 방법

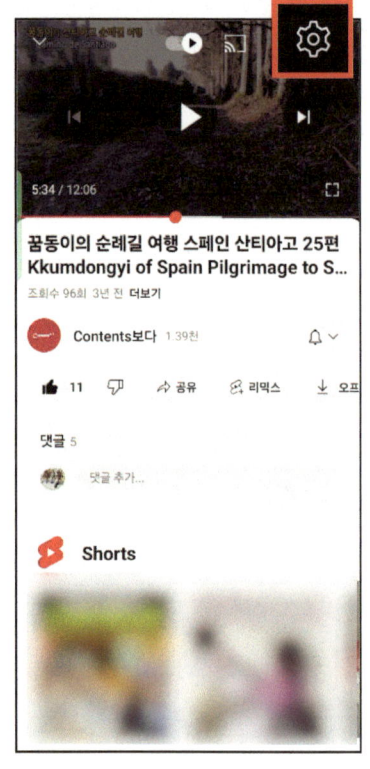 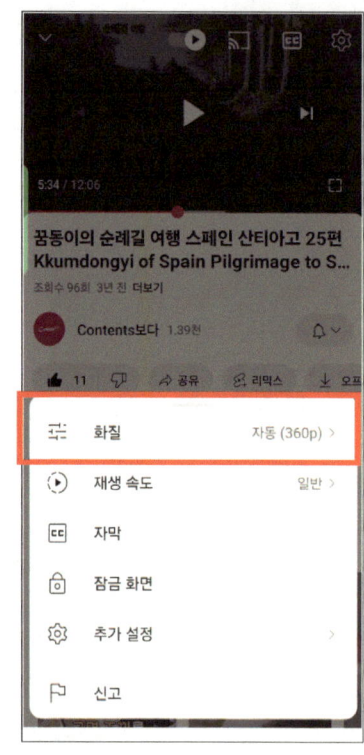 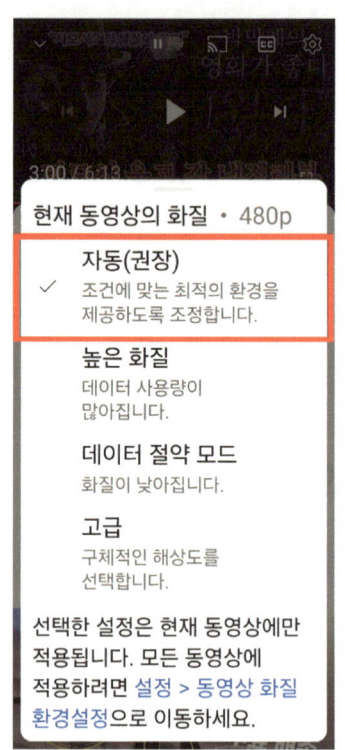

❶ 화면을 살짝 누르고 ⚙ 설정을 눌러요.

❷ 화질을 눌러요.

❸ 자동(권장)을 눌러요.

> 자동(권장)모드는 인터넷의 환경에 따라 화질을 자동으로 제공합니다.
> 더 좋은 화질로 보고 싶다면 화질의 숫자가 큰 것으로 선택하면 됩니다.

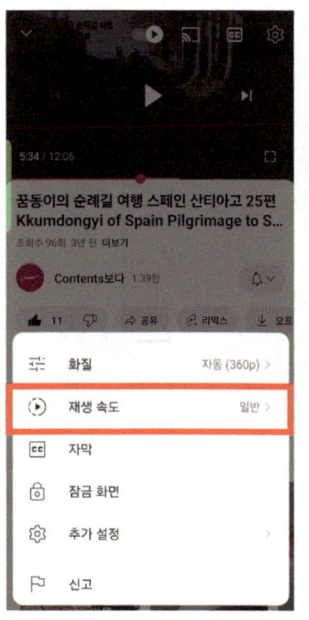 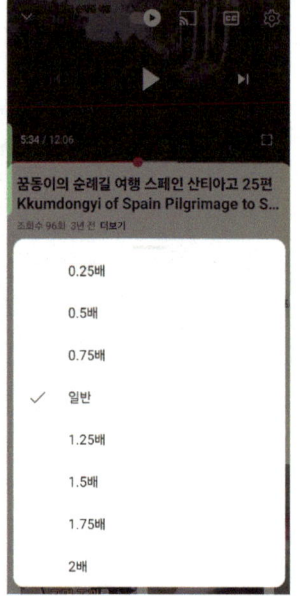 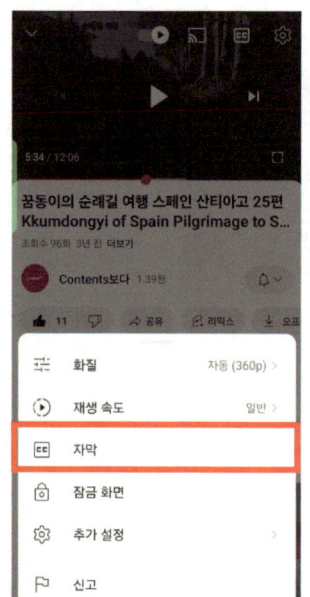 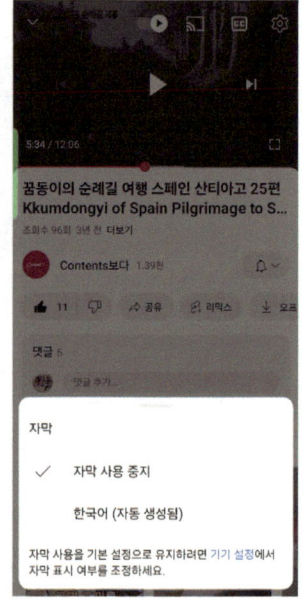

❹ 재생속도를 눌러요.
숫자가 클수록 빠르게,
숫자가 작을수록 느리게,
영상의 속도를 조절할 수 있어요.

❺ 자막을 눌러요.
영상이 실행되면 자막이 나옵니다.
원하지 않는다면 자막 사용 중지를 눌러요.

📱 유튜브 - 쇼츠(좋아요, 댓글, 공유하기)

유튜브 쇼츠는 유튜브 플랫폼에서 제공되는 최신 기능 중 하나로,
짧은 동영상 형태로 사용자들이 쉽게 만들고 공유할 수 있는 기능입니다.

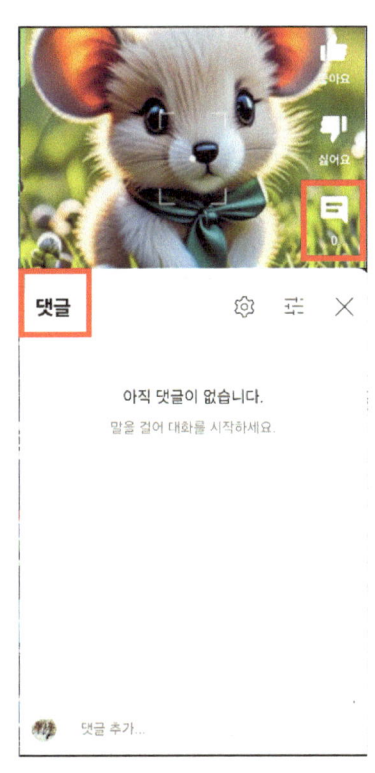

① Shorts 를 눌러서 짧은 영상을 시청해요.

② 영상이 마음에 든다면 좋아요를 눌러요.

③ 응원 댓글도 달아 봅니다.

④ 유용한 정보라 생각된다면 공유를 눌러서 메시지 또는 카카오톡 등으로 공유해 보세요.

📱 유튜브 – 말로 검색하기

  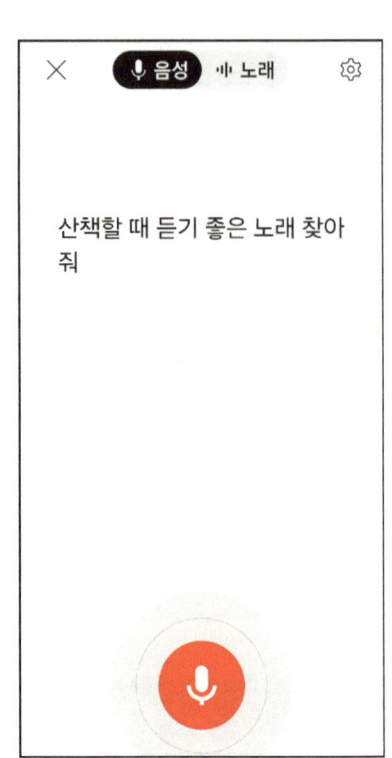

① 🔍 를 눌러 검색창을 열어요.
② 🎤음성 선택 후 아래의 마이크를 눌러 'OOO노래 찾아줘' 라고 말해보세요.
듣고 싶은 노래의 목록을 볼 수 있어요.

📱 유튜브 – 노래 검색하기

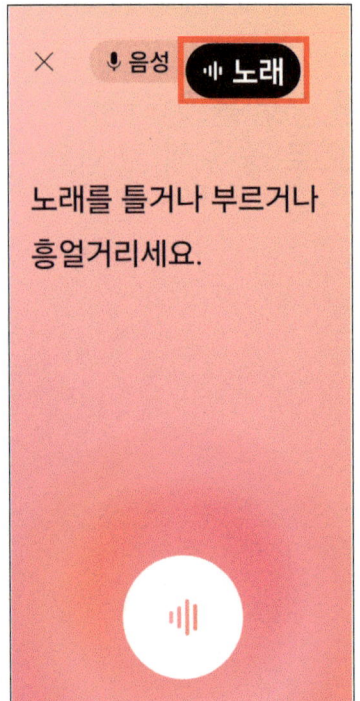

주변에서 나오는 노래를 들려주거나
흥얼흥얼 노래를 불러도 노래를 찾아 줍니다.

네이버

회원가입		78
아이디 찾기		80
비밀번호 찾기		81
네이버 홈화면		82
그린닷		83

- 음성검색
- 스마트렌즈
- 내주변 맛집

네이버 - 회원가입

검색 엔진 및 포털 사이트로서 메일, 메모, 달력, 그린닷과 같이 다양한 분야에서의 정보와 컨텐츠를 제공하고 있습니다.
메일, 마이박스(온라인 저장공간), 쇼핑, 기차예매 등의 기능을 활용하기 위해서 회원가입이 필요합니다.

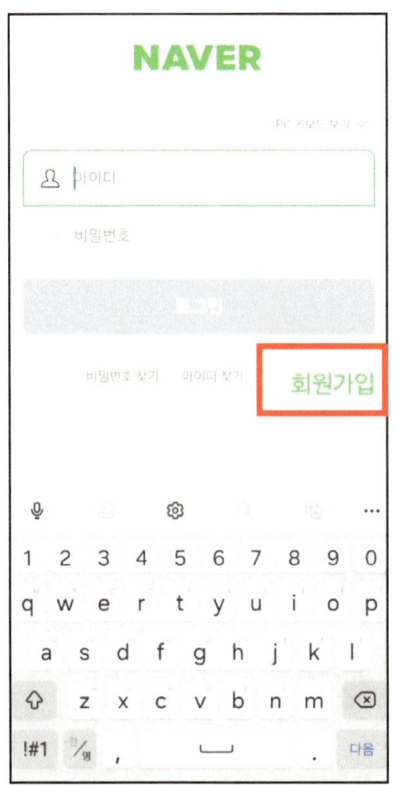
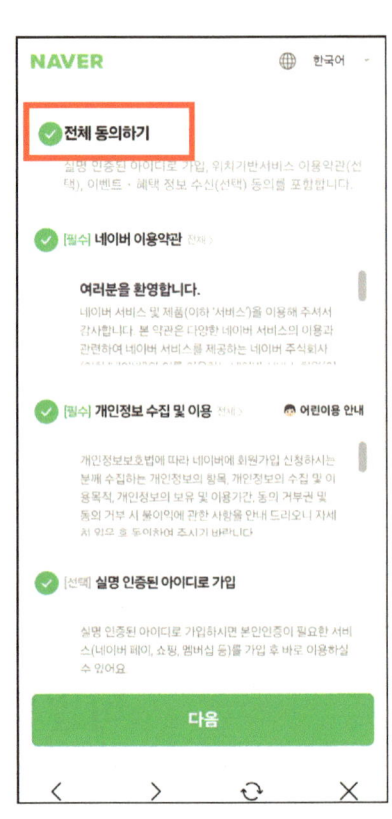

① 우측 상단 Na. 를 눌러요.   ② 회원가입을 눌러요.   ③ 전체동의를 선택해요.

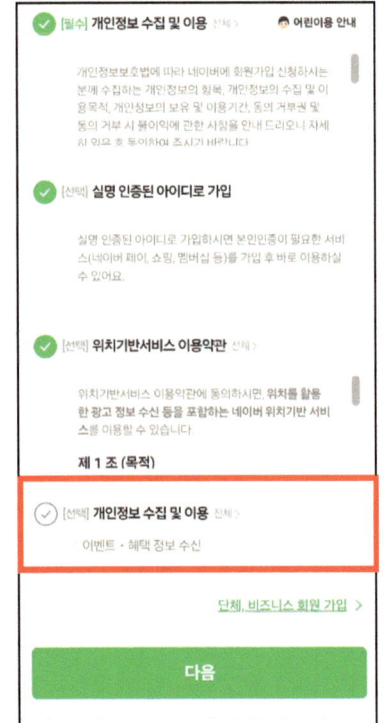

 [필수]항목은 선택이 되어야 회원가입이 가능해요.

[실명 인증된 아이디로 회원가입]
네이버에서 쇼핑, 페이, 멤버십 등 본인 확인이 필요합니다.

[위치기반서비스 이용약관]
네이버지도앱을 더 편리하고 빠르게 사용할 수 있습니다.

[개인정보 수집 및 활용]
이벤트 및 혜택 소식을 받고 싶다면 선택해 주세요.
하지만 필요 없다면 선택하지 않아도 됩니다.

📱 네이버 - 회원가입

④ 사용할 아이디와 비밀번호를 입력합니다.

⑤ 이름, 생년월일(예-19990101)

⑥ 사용중인 통신사를 선택하세요
   남여 선택, 내국인(한국거주)을 선택하세요

⑦ 휴대전화번호를 입력해주세요.

⑧ [필수]인증 약관 전체 동의를 꼭 선택해주세요

⑨ '인증요청'을 눌러주세요.

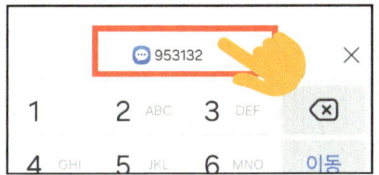

⑩ 잠시 기다리면 메시지가 보입니다.
   인증번호를 눌러주세요.

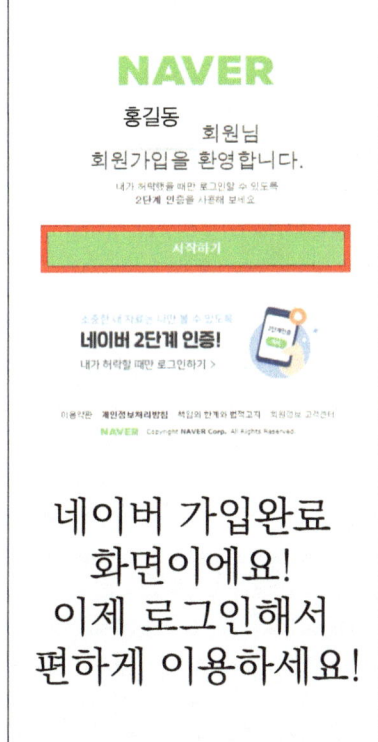

네이버 가입완료 화면이에요!
이제 로그인해서 편하게 이용하세요!

아이디와 비밀번호는
별도의 수첩 등에
따로 메모를 해두시면
좋습니다.
비밀번호는
주기적으로 변경하는
것을 추천합니다.

네이버 – 아이디 찾기

아이디가 기억나지 않을 때는 본인 명의의 휴대전화번호로 인증하여 아이디를 찾을 수 있습니다.

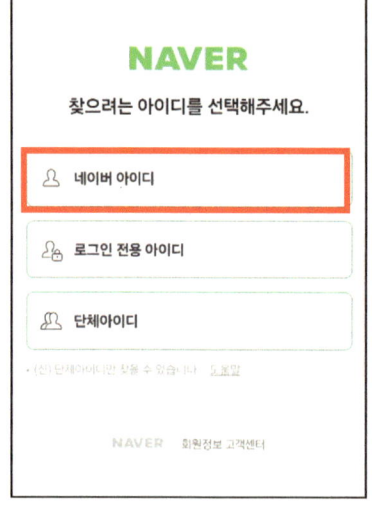
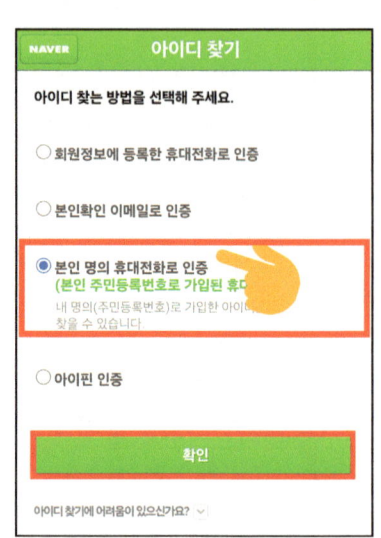

①아이디 찾기를 눌러요.

②네이버 아이디 눌러요.

③본인 명의 휴대전화로 인증을 선택하고
④확인을 누릅니다.

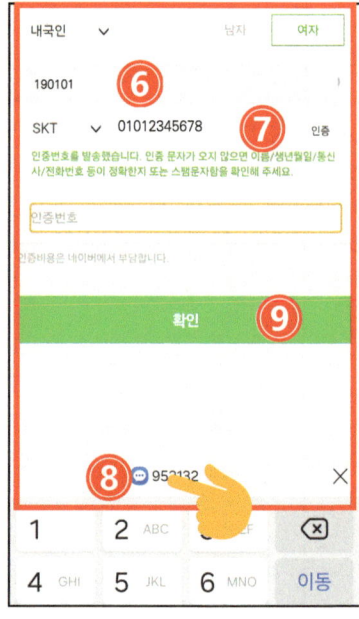

⑤휴대전화 번호를 이용하여 개인정보를 인증하는 화면입니다.
모두 동의합니다를 선택하시면 전체 항목이 선택됩니다.

⑥이름, 주민번호를 입력하고 통신사 선택 하세요.

⑦휴대전화번호를 입력한 후 인증을 누르세요.

⑧잠시 기다리시면 인증번호 메시지가 아래에 표시됩니다.
숫자를 입력해 주세요.(숫자를 누르면 자동입력됩니다)

⑨확인을 누르면 아이디 정보를 볼 수 있습니다.

네이버 - 비밀번호 찾기

비밀번호가 기억나지 않을 때는 본인 명의의 휴대전화번호로 인증하여
비밀번호를 찾을 수 있습니다.

❶ 비밀번호 찾기를 눌러요.

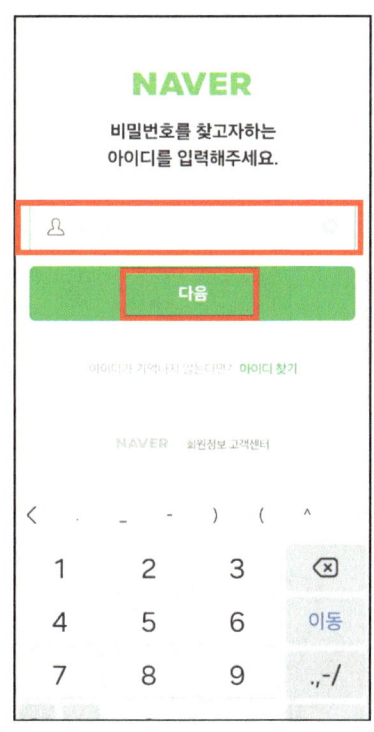

❷ 아이디를 입력하고 다음을 눌러요.

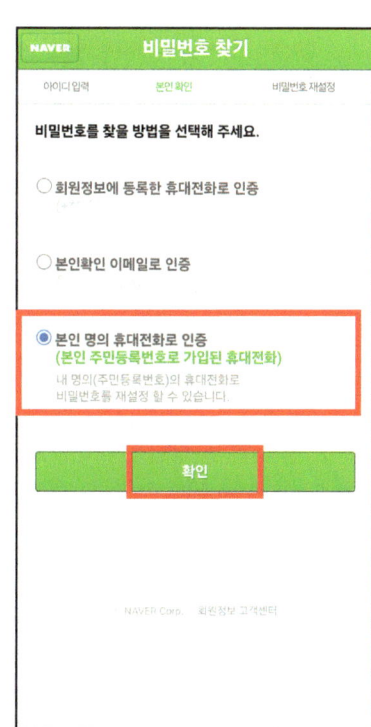

❸ 본인 명의 휴대전화로 인증을 선택 후 확인을 눌러요.

❹ 이름, 생년월일, 통신사, 휴대폰 번호를 입력 후 인증을 눌러요.

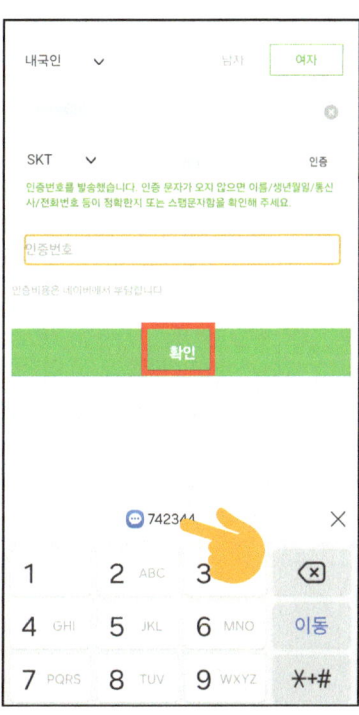

❺ 문자로 인증번호가 오면 직접 입력하거나 숫자를 누르면 됩니다.

❻ 새 비밀번호를 2번 입력한 후 확인을 눌러요.

📱 네이버 홈화면

① 원하는 내용을 검색창에 입력하여 찾아볼 수 있어요.

② 쇼핑탭에서는 옷, 먹거리 등을 쇼핑할 수 있어요.

③ 뉴스, 방송, 스포츠 등 다양한 내용을 볼 수 있어요.

 '네이버 클립' 입니다.
유튜브 쇼츠와 비슷하여 다양한 동영상과 클립(짧은 동영상)을 볼 수 있어요.

네이버 - 그린닷

인공지능(AI) 인식 검색 도구로, 음성, 이미지, 위치 등을 더욱 빠르게 검색할 수 있도록 도와줍니다. 사용자가 원하는 정보를 빠르고 편리하게 찾을 수 있습니다.

🔍 네이버 홈에서 검색창 오른쪽에 녹색 동그라미를 살짝 눌러요

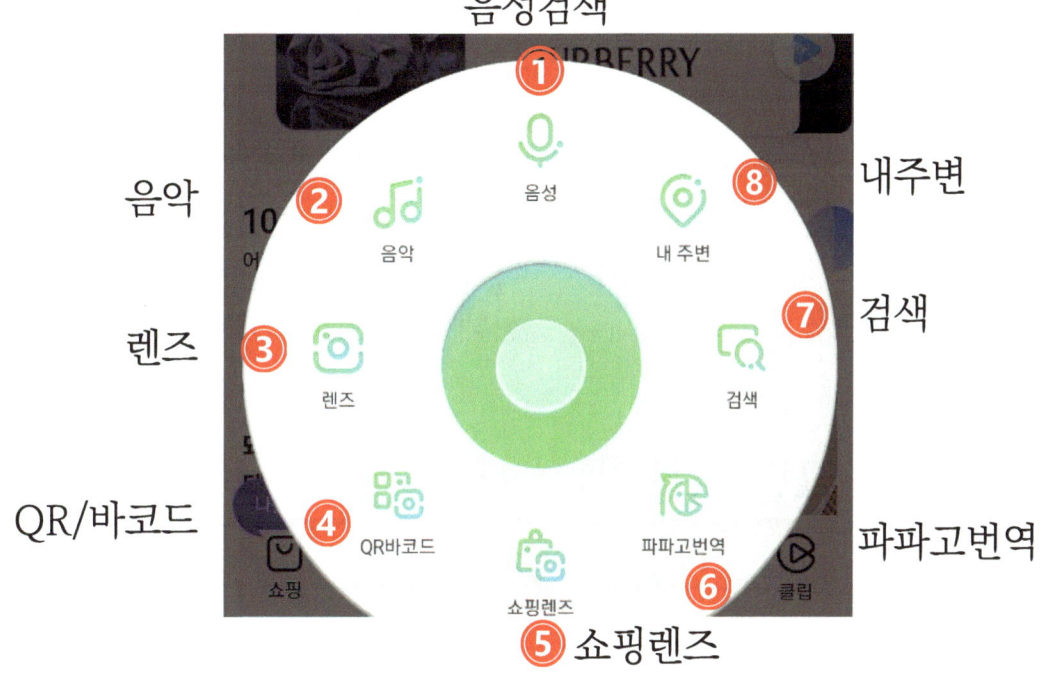

① 음성검색 - 마이크를 터치하고 명령해보세요 (예 : 내일날씨 알려줘...)

② 음악 - 하단 마이크에 음악을 들려주면 알려줍니다.

③ 렌즈 - 사진을 찍으면 찾아줘요 (예: 꽃,식물,명작,문자인식,물건....)

④ QR/바코드 - 화면에 비추면 해당 웹페이지로 연결해 줍니다.

⑤ 쇼핑렌즈 - 물건을 찍으면 상품의 쇼핑정보를 알려줍니다.

⑥ 파파고번역 - 외국어를 한국어로 번역해 줍니다.

⑦ 검색 - 원하는 정보 검색 (검색어를 입력 합니다.)

⑧ 내주변 - 주변정보 (예 :맛집, 카페,가볼만한곳,문화...)
타지역 검색도 가능합니다.

📱 네이버 – 그린닷(음성검색)

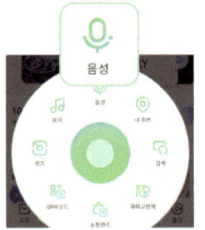

[음성]을 선택합니다.

최신 영화를 찾아줘 라고 말해보세요.

목록을 보고, 영화를 선택해요.

영화에 대한 설명을 볼 수 있어요.

📱 네이버 – 그린닷(렌즈)

[렌즈]를 선택합니다.

"찰각" 꽃을 찍어보세요.

꽃 이름과 정보를 알 수 있어요.

구매할 수 있는 스토어를 보여줍니다.

📱 네이버 - 그린닷 (내주변)

[내주변]을
선택합니다

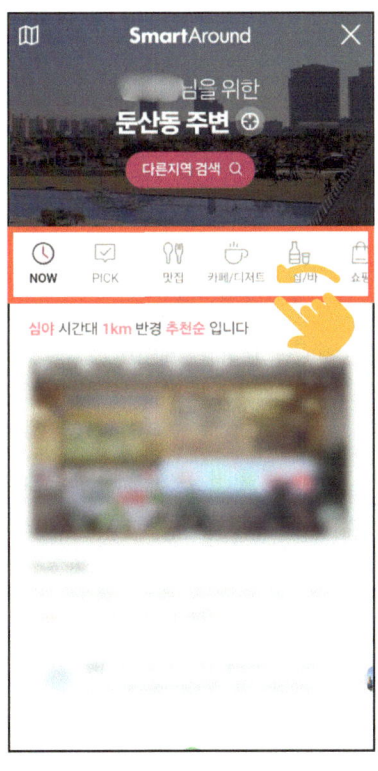

왼쪽으로 드래그해서 살펴 보세요.
주변 맛집, 카페, 그리고 공연 정보를
빠르게 찾아볼 수 있어요.

문화를 선택해서 공연/전시 일정을 찾아봐요.
내 주변에서 열리는 공연/전시 상황을 빠르게 확인할 수 있어요.

85

스마트폰 캘린더.메모

캘린더 87
- 메뉴 살펴보기
- 일정 등록
- 글자크기, 음력설정
- 매주 반복되는 일정 등록

네이버 캘린더 91
- 일정 등록
- 매년 반복되는 일정 등록
- 음력 표시

노트 93
- 메모하기
- 배경색상 변경
- 메모삭제하기

📱 캘린더 - 메뉴 살펴보기

＋ 일정 추가하기

≡ 달력설정 메뉴보기

🔍 일정을 찾아 볼 수 있어요.

4 숫자를 누르면
오늘 날짜로 돌아와요.

📱 캘린더 - 일정을 등록해봐요

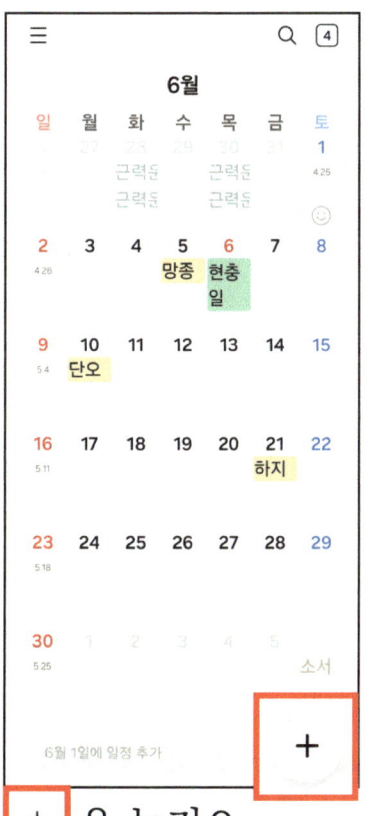  

① ＋ 을 눌러요 ② 제목칸을 눌러요. ③ 제목을 입력해요.

87

캘린더 - 일정을 등록해봐요

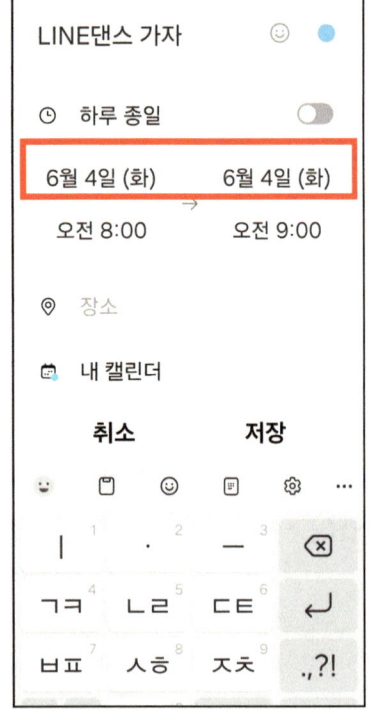

④ 날짜를 눌러요.

⑤ 달력에서 날짜를 선택해요.
⑥ 시간을 눌러요.

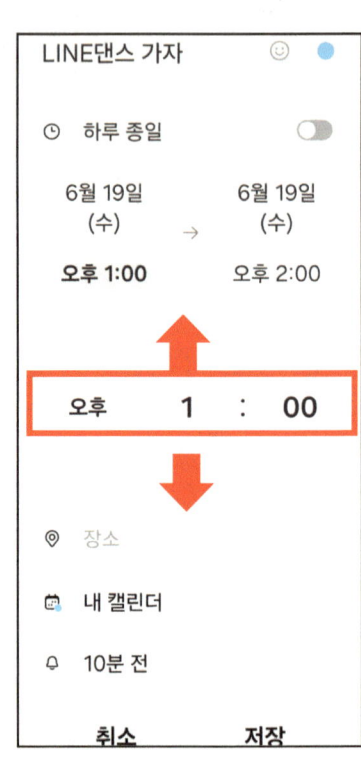

⑦ 위아래로 드래그해서 시간을 선택해요.

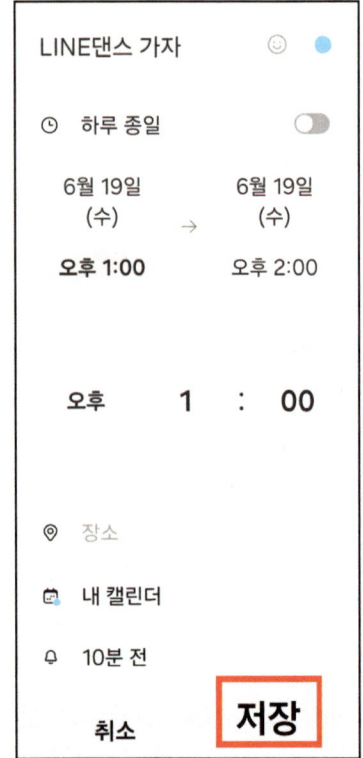

⑧ 저장을 눌러요.

⑨ 미리보기 창이 보여요.

⑩ 캘린더에 일정이 추가 되었어요.

📱 캘린더 - 글자크기, 음력설정

① ☰ (삼선)을 눌러요.

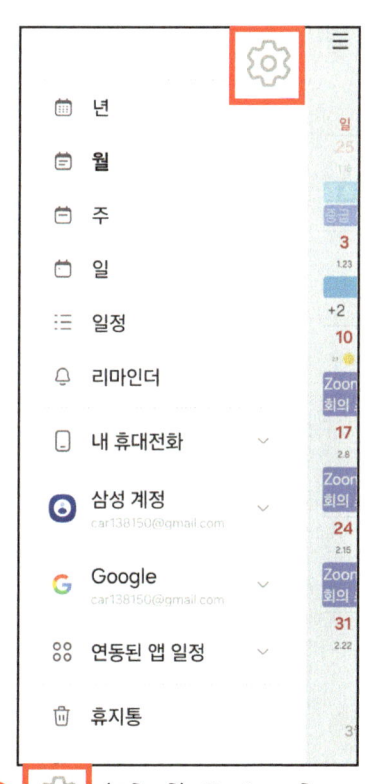

② ⚙ (설정)을 눌러요.

③ 캘린더 스타일 변경을 눌러요.

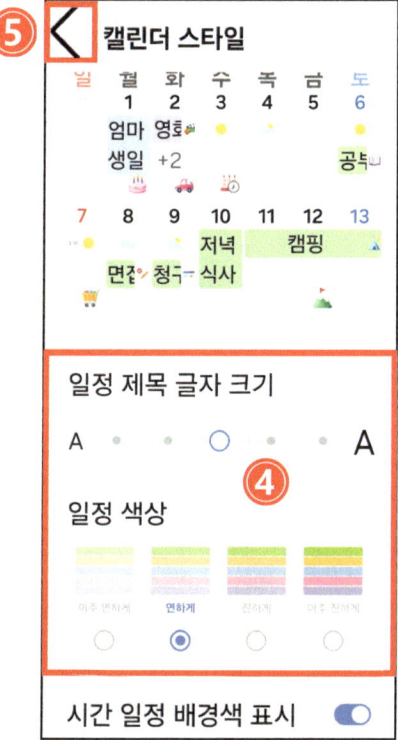

④ 글자크기, 일정 색상을 바꿀 수 있어요.
⑤ ◁를 눌러 앞으로 돌아옵니다.

⑥ 보조 캘린더를 눌러요.
(한국음력표시를 할 수 있어요)

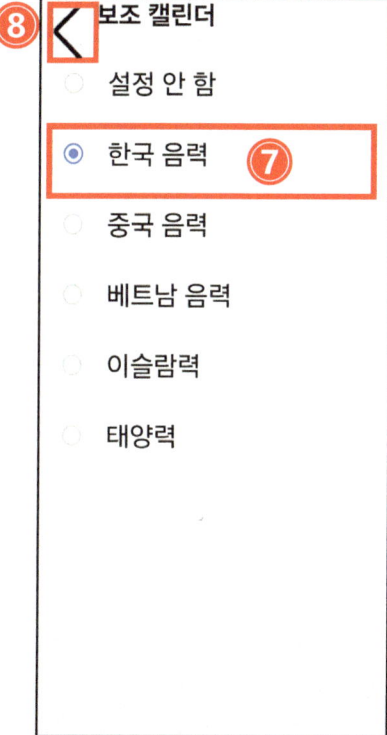

⑦ 한국 음력을 눌러요.
⑧ ◁를 눌러 앞으로 돌아가요.

📱 캘린더 - 매주 반복되는 일정을 등록해요

한달간 매주 월요일의 수업일정을 등록해봐요.

① ➕ 일정을 눌러요.

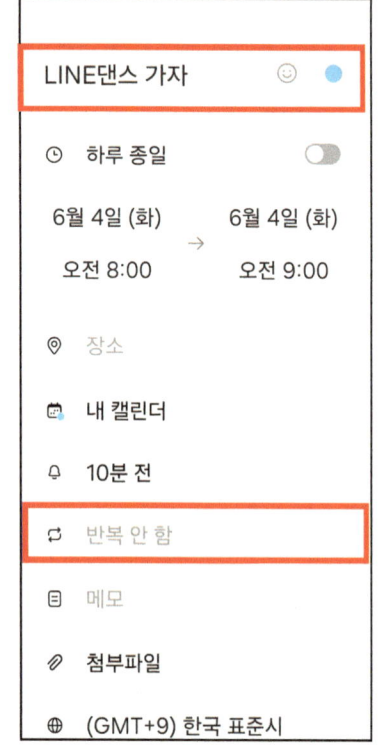

② 일정제목을 쓰고, 반복안함을 눌러요.

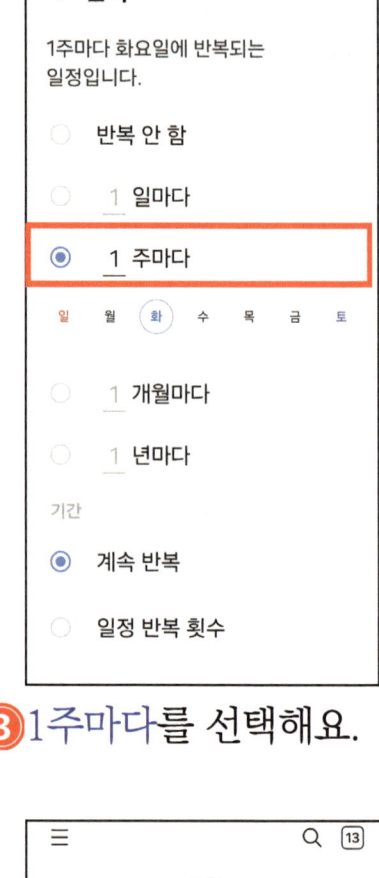

③ 1주마다를 선택해요.

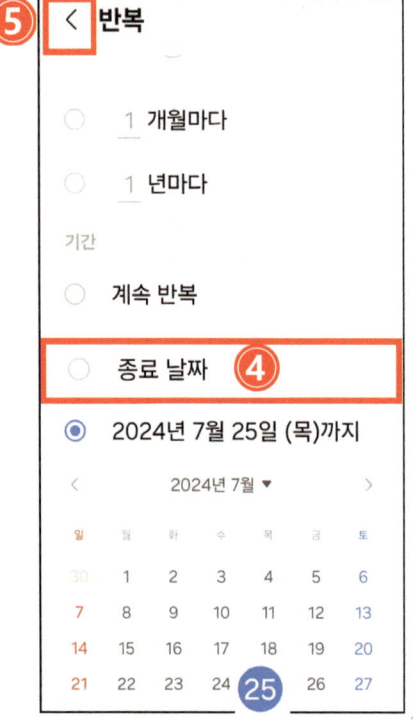

④ 종료 날짜를 누르고 종료일을 선택해요.
⑤ ⟨ 를 눌러요.

⑥ 저장을 누르면 일정 등록이 완료됩니다.

⑦ 매주의 일정이 등록되었습니다.

📱 네이버 캘린더 - 일정을 등록해요

네이버 로그인을 하면 휴대폰이 바뀌어도 예전의 일정을 그대로 사용할 수 있습니다.

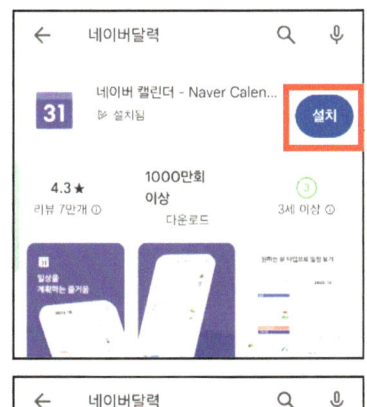
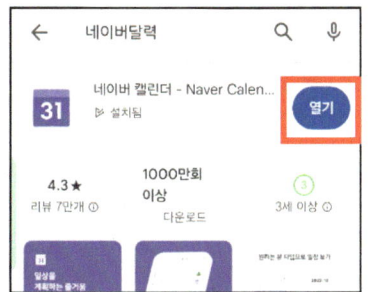

❶ 플레이스토어에서 네이버 달력을 검색 설치 → 열기

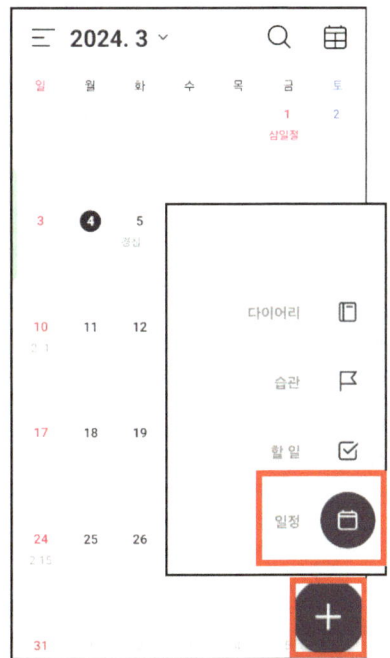

❷ ➕ 을 눌러서 📅 을 선택합니다.

❸ 일정을 입력 후 년, 월, 일, 요일, 시간을 위아래로 옮겨서 설정할 수 있어요.

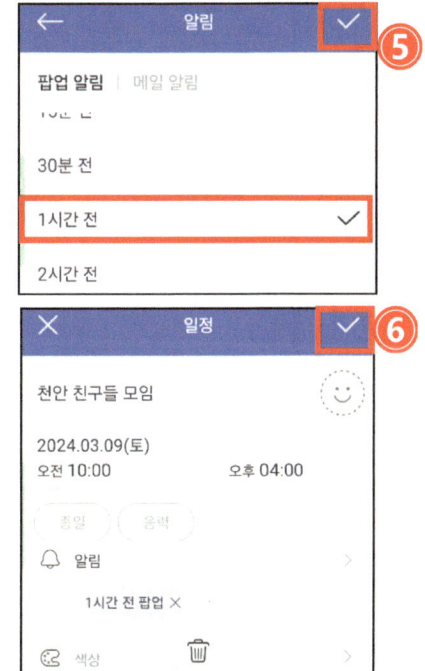

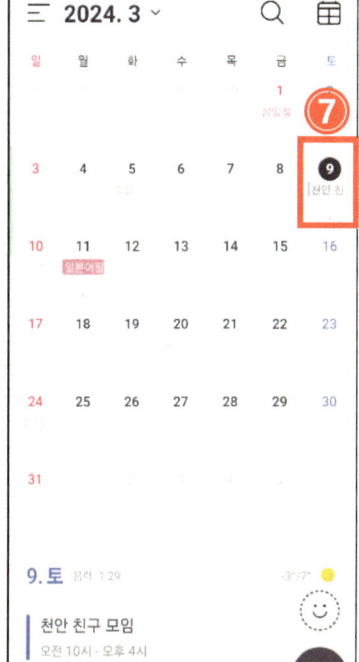

❹ 모임의 알림 시간을 정할 수 있어요.
❺ 알림받을 시간 선택 후 ✔를 눌러요.
❻ 일정 옆의 ✔누르면 등록 완료.
❼ 달력에 일정이 등록되었어요.

📱 네이버 캘린더 - 매년 반복되는 일정 등록 해요 　31

생일, 결혼기념일처럼 해마다 반복되는 일정을 등록해 봅니다.

 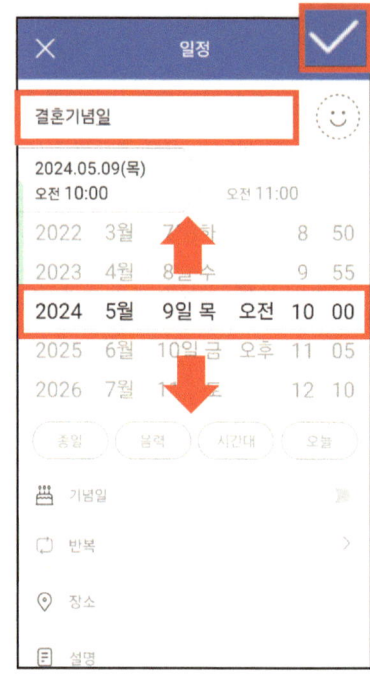 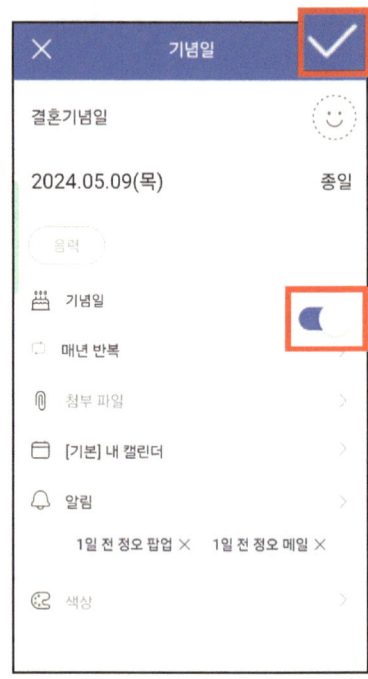

① ➕ 을 눌러서 📅 을 선택합니다.
② 제목을 입력 후 기념일의 날짜를 맞춰요. ✓을 눌러요.
③ 기념일의 🌙 를 눌러요. 아래에 매년 반복이 생겨요. ✓눌러 완료합니다.

📱 네이버 캘린더 - 음력을 표시할 수 있어요 　31

① 일정의 제목을 입력한 후 음력 을 눌러요.
② 생년월일을 위아래로 드래그하여 등록해요. ✓를 눌러요.
③ 기념일을 누르면 매년 반복이 켜집니다.

📱 노트 - 메모해봐요

① 하단 우측 ✎ 를 눌러요.

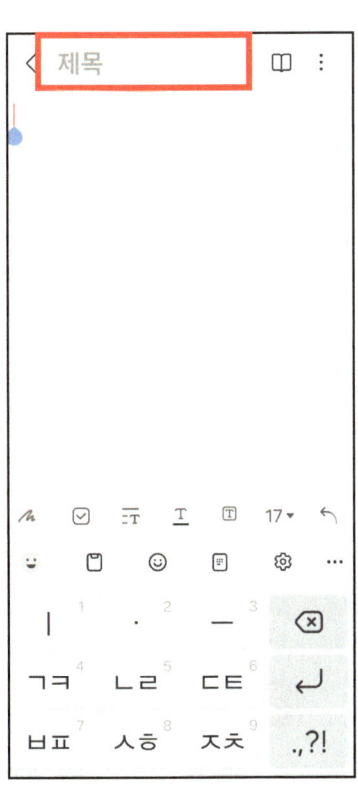

② 제목을 눌러요.

③ 제목을 입력해요.

④ 회색 부분 빈 공간을 눌러요.

⑤ 내용을 입력해요.

⑥ ＜ (뒤로가기)하면 자동 저장돼요.

📱 노트 - 배경색상을 변경 해봐요

 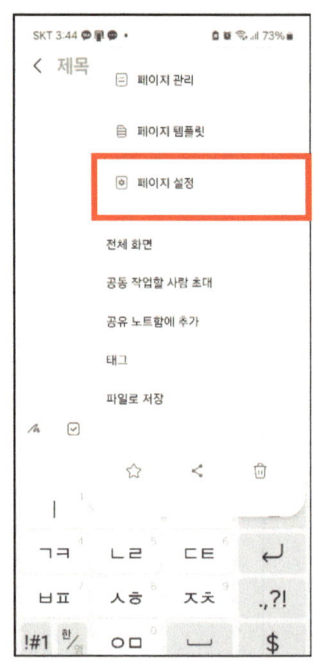 

① 우측 상단 ⋮ 점세개를 눌러요.   ② 페이지 설정을 눌러요.   ③ 배경색상을 선택해요.

📱 노트 - 메모삭제하기

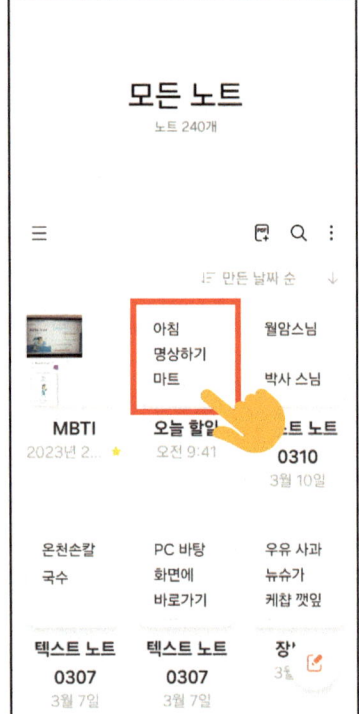  

① 삭제할 메모을 꾸~욱 눌러요.   ② 체크된 목록을 확인 후 삭제를 눌러요.   ③ 휴지통으로 이동을 눌러주세요.

길찾기, 지도앱

네이버 지도앱 96
- 네이버 지도앱 설치하기
- 길찾기

카카오맵 99
- 카카오맵 설치와 로그인
- 길찾기
- 톡 위치공유

카카오 T 102
- 택시 호출하기

티머니고 104
- 티머니고 앱 설치와 회원가입
- 고속, 시외버스 예매
- 예매한 승차권 확인하기
- 예매 취소하기

네이버지도 108
- 기차예매하기

네이버 지도앱 – Play 스토어에서 앱을 검색, 설치

안드로이드폰(삼성, LG 그외 폰)은 Play(플레이)스토어 앱에서 원하는 앱을 검색하고 설치하는 것을 알아봅니다.

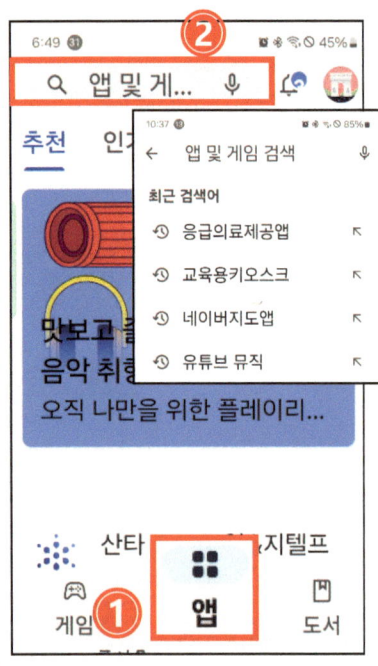
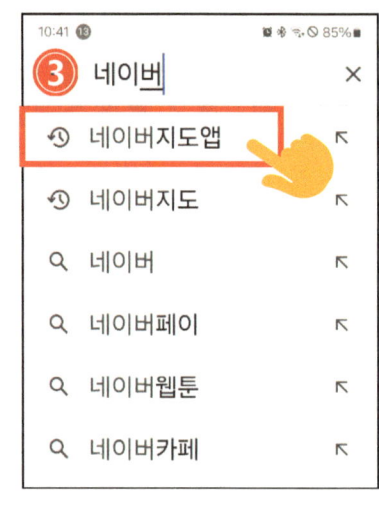

① 하단의 앱을 눌러요.
② 검색창을 선택해요.

③ 연관목록에서 네이버 지도앱을 선택해요.

④ 설치를 누른 후 열기를 눌러요.

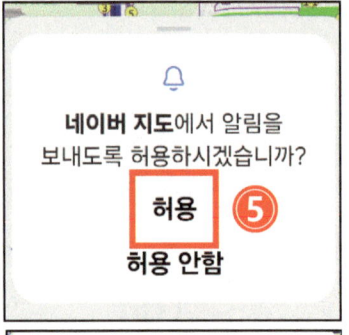

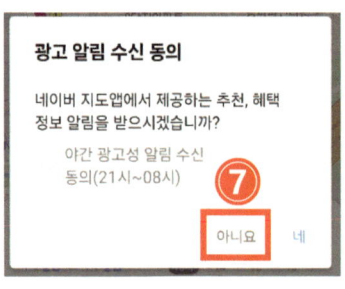

⑤ 네이버 지도가 보내는 알림을 받기 위해 허용을 눌러주세요.

⑥ 앱 사용 중에만 허용 눌러요.
허용 안함을 눌러도 앱을 사용할 수는 있지만, 정확하지 않을 수 있습니다.

⑦ 야간에는 광고 알림을 받지 않기 위해서 아니오를 눌러주세요

⑧ 광고문을 더이상 보지 않으려면 다시 보지 않기를 눌러요.

📱 네이버 지도앱 -대중교통으로 목적지까지 찾아가기

① 검색창을 살짝 눌러요.

② 목적지를 입력하면 목록이 보여요.
③ 원하는 곳을 눌러요.

④ 도착을 선택해요.

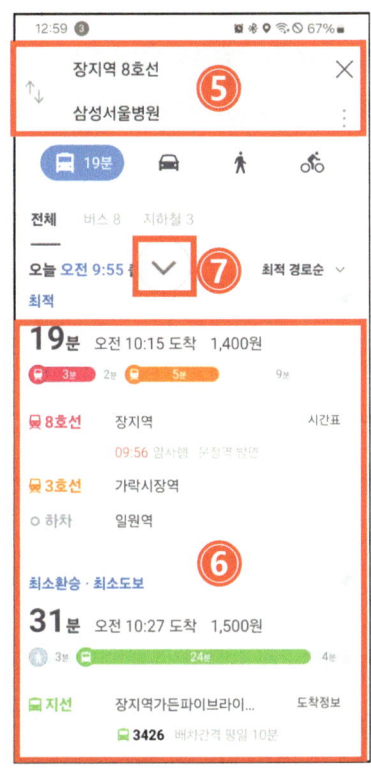

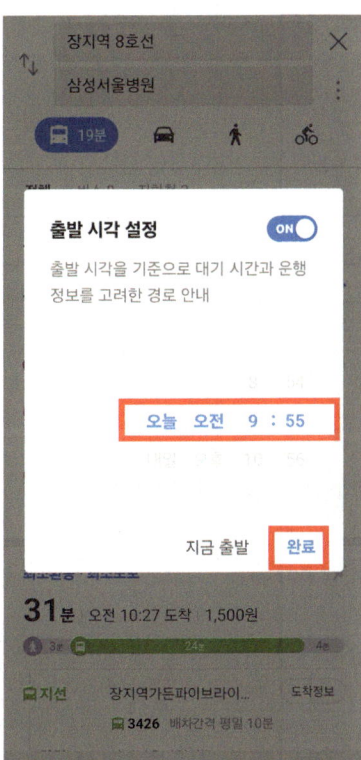

⑤ 출발지와 목적지를 확인해요.
⑥ 교통편 목록을 확인해요.

⑦ 출발시간 옆의 ∨ 를 선택하면 출발 시각을 설정할 수 있어요.

⑧ 첫번째 추천 교통편을 선택합니다.

📱 네이버 지도앱 －대중교통으로 목적지까지 찾아가기

네이버 지도앱은 소리로 환승할 때, 내릴 때 목소리로 알려줍니다.
소리 크기를 미리 확인하세요

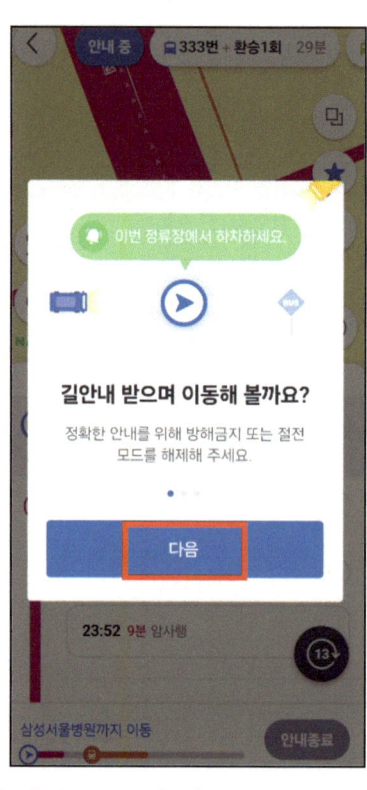

⑨ 안내시작을 눌러요. 알림 허용이 보이면 선택해주세요.

⑩ 다음 → 시작을 누르면 길안내가 시작되요.

⑪ 작은 선을 잡아 끌어 올려 하차 위치와 환승역을 확인해요.

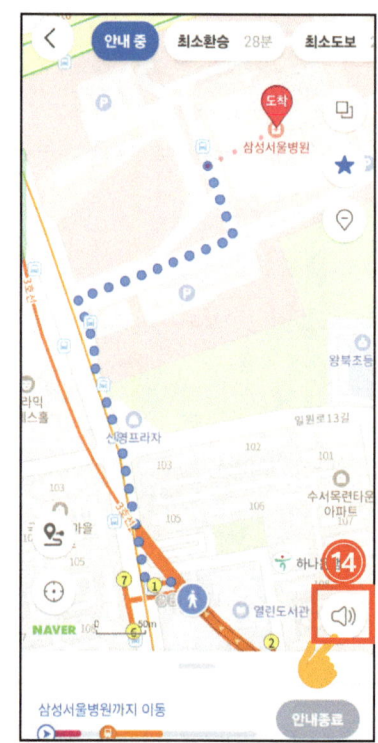

⑭ 소리로 경로를 알려 줍니다. 혹시 🔇 로 되어 있다면 한번 더 눌러서 켜주세요.

만약 지도의 글씨가 작아서 잘 보이지 않는다면, 지도 위에 두 손가락으로 폈다(화면확대) 오므리면 (화면축소)됩니다.

⑫ 목적지를 눌러요.

⑬ 파란색 점을 따라 목적지까지 걸어가요.

카카오맵 – Play 스토어에서 카카오맵 설치와 로그인

카카오맵은 카카오톡을 통해 회원가입이 간편합니다. 아래 순서를 차례대로 따라가 보시겠어요? 목적지까지 쉽게 찾아가도록 안내합니다.

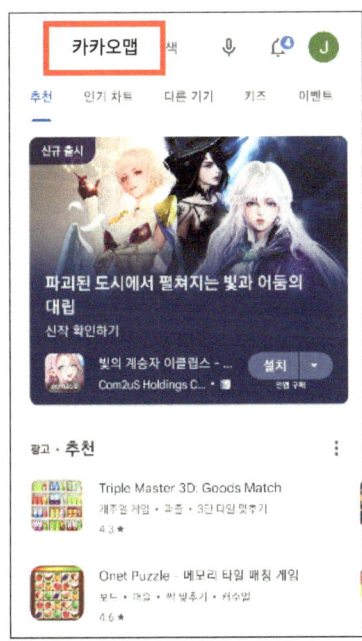

① [카카오맵] 을 쓰고 돋보기를 눌러요.
② 설치를 눌러요.
③ 끝나면 열기를 눌러요.
④ 카카오계정으로 로그인을 눌러주세요.(회원가입)

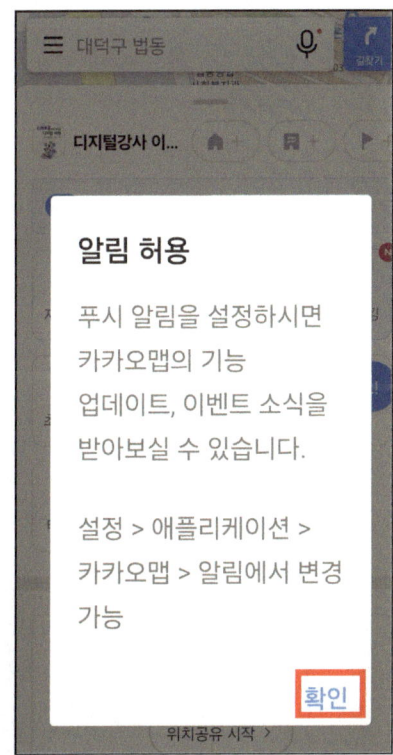

⑤ 한번 더 카카오계정으로 로그인을 눌러요.
⑥ 앱 사용 중에만 허용을 선택합니다.
⑦ 확인을 누르면 카카오맵을 사용할 수 있게 됩니다.

📱 카카오맵 - 대중교통으로 목적지까지 찾아가기

카카오맵의 대중교통과 내비게이션은 "현위치"를 중심으로 소요시간, 추천 도착정보 등을 제공합니다.

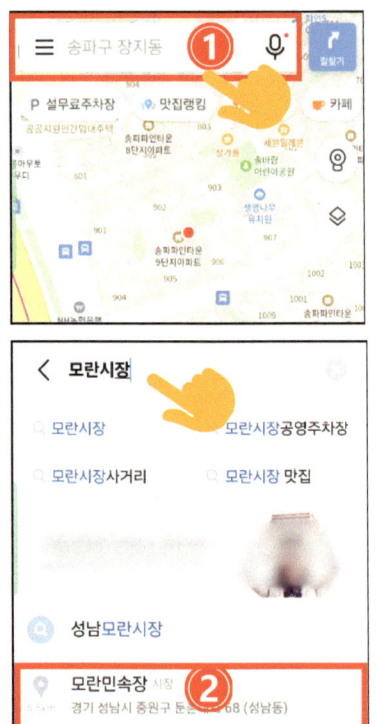

① 목적지를 입력해요.
② 원하는 목적지 선택해요.

③ 화살표를 눌러 길찾기를 시작해요.

④ 출발과 목적지 확인 후 경로를 선택해요.

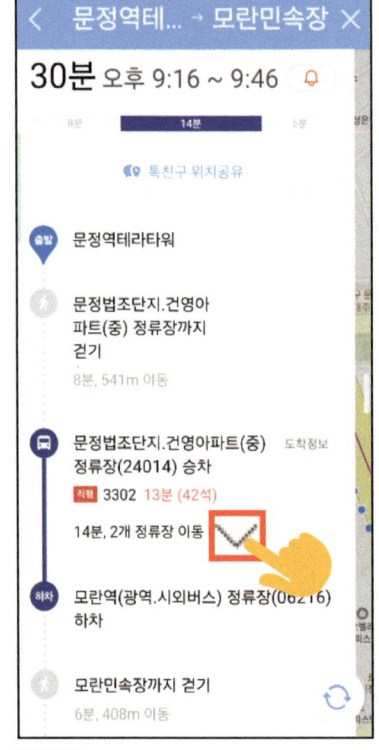

⑤ 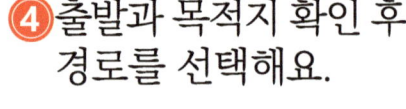 를 누르면 정류장 목록을 볼 수 있어요.

⑥ 버스에서 하차한 후 목적지를 눌러요.

⑦ 도착깃발까지 파란 점선을 따라가면 됩니다

카카오맵 - 톡친구 위치 공유

카카오톡 친구와 현재 위치, 버스나 지하철로 목적지로 이동하는 경로를 카카오톡으로 공유하고 확인할 수 있습니다.

차근차근 따라해 볼까요?

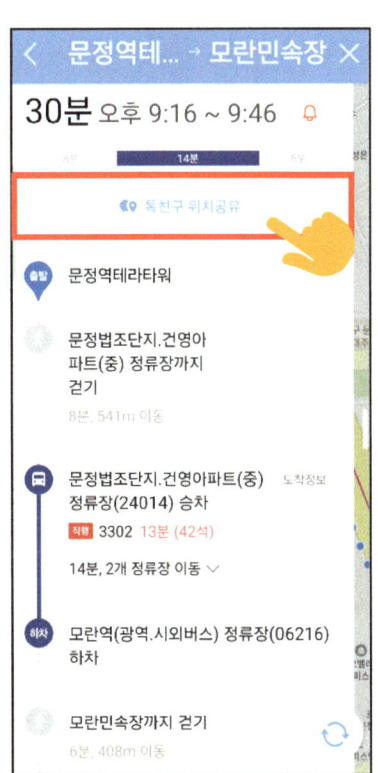

① 톡친구 위치공유를 누릅니다.

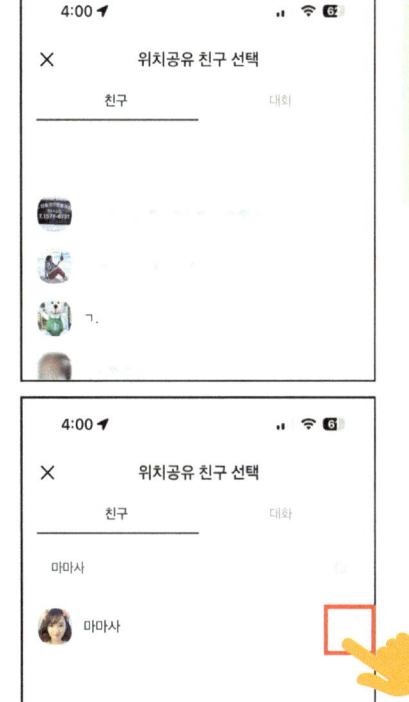

② 친구목록에서 선택하거나 직접 입력하여 선택할 수 있습니다.

③ 동의 후 위치공유 시작을 누르면 내 위치가 선택한 카톡대화방에 공유됩니다.

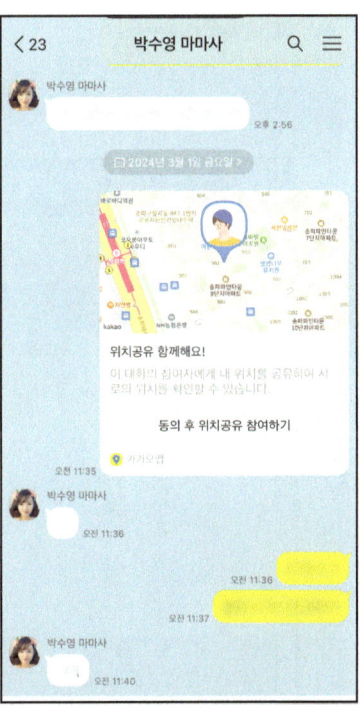

④ 카톡창에 공유된 지도를 누르면, 상대방이 카카오맵을 통해 나의 위치를 알 수 있어요.

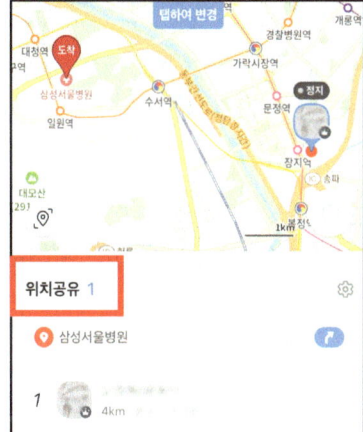

⑤ 톡친구가 나의 위치를 확인하기 전

⑥ 톡친구가 나의 위치를 확인한 후

📱 카카오T - 집에서 편하게 택시 호출하기

택시 호출 서비스로, 사용자가 원하는 위치와 시간에 맞춰 택시를 호출하고 결제할 수 있는 서비스입니다.

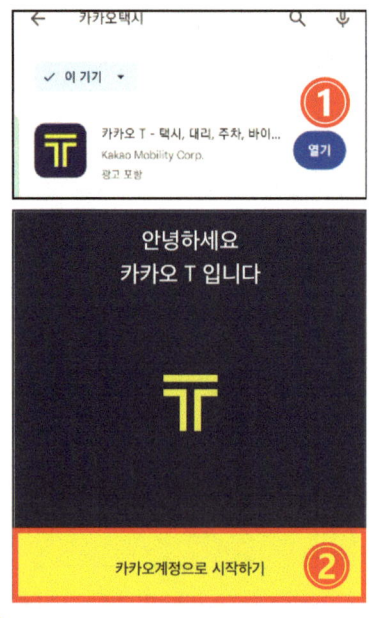

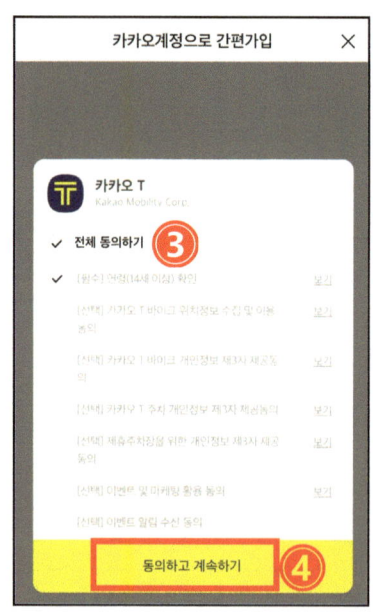

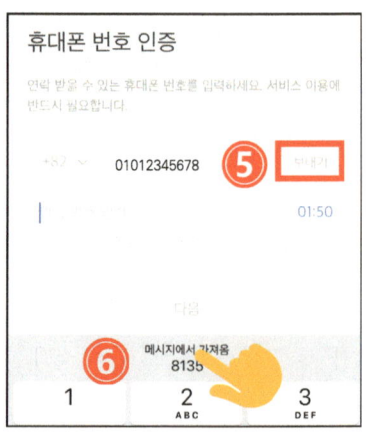

① 카카오T 설치, 열기

② 카카오계정으로 연결되어 로그인 됩니다.

③ 화면을 위로 올리면서 필수 항목만 선택

④ 동의하고 계속하기를 누르세요.

⑤ 휴대폰 번호를 입력, 보내기를 눌러요.

⑥ 인증 번호 입력칸을 누르면 아래에 인증번호가 나타납니다. 그 숫자를 손으로 누르면 자동으로 입력이 됩니다.

⑦ 다음을 눌러요.
⑧ 나중에하기를 눌러요.

⑨ 택시를 선택합니다.

⑩ 현위치가 자동표시 됩니다.
⑪ 목적지를 입력합니다.

📱 카카오T - 집에서 편하게 택시 호출하기

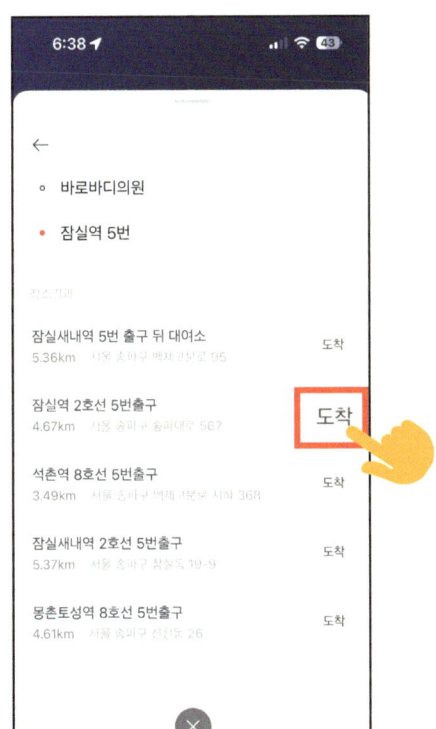

⑪ 목적지 옆 도착을 선택합니다.

⑫ 호출할 택시를 선택해요.

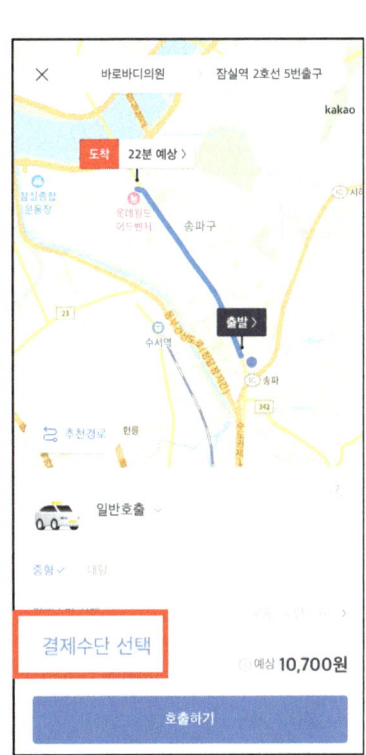

⑬ 결제수단을 선택해요.

⑭ 카드로 결제가 나오면 왼쪽으로 밀어보세요.
직접결제를 선택 후
⑮ 적용하기를 눌러요.

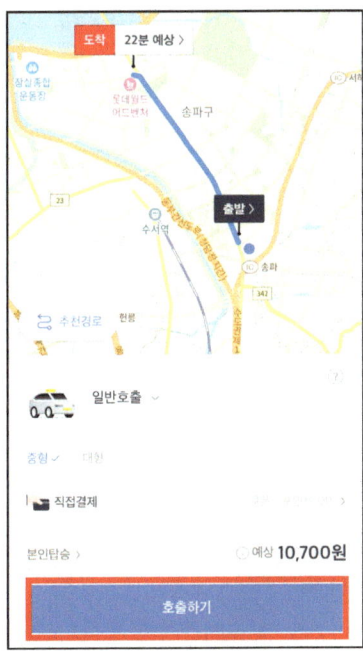

⑯ 호출하기 눌러요.

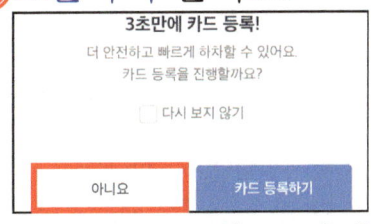

⑰ 카드를 등록하고 싶지 않다면 '아니요'를 선택

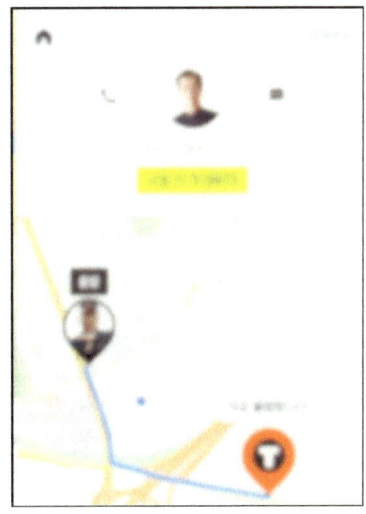

택시가 연결되면 택시번호, 기사님의 사진, 휴대폰 번호를 확인할 수 있습니다.
　도착 시간을 확인한 후 출발지에서 택시를 기다리면 됩니다.
탑승할 때 꼭 택시 번호를 확인해주세요.

📱 티머니고 - 앱 설치와 회원가입

고속.시외버스. 자전거, 킥보드, 렌터카, 공항버스, 항공예매도 〈티머니고〉앱에서 할 수 있습니다.

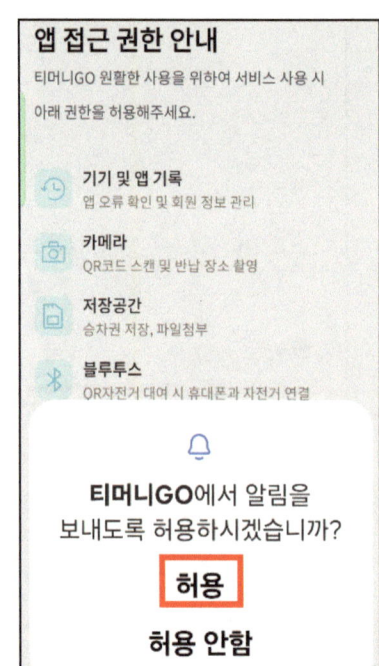

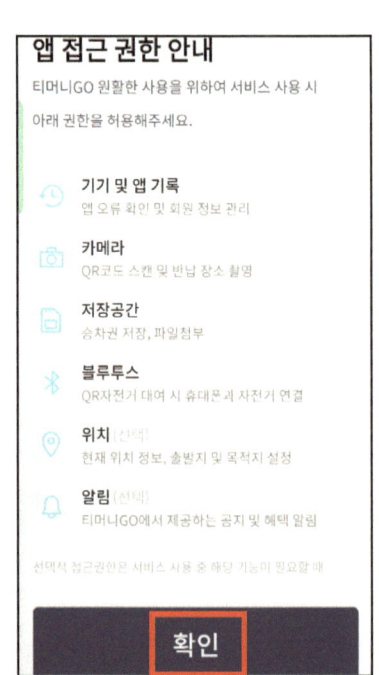

① 티머니고를 검색, 설치한 후 열기를 눌러 주세요.

② 교통정보 알림을 받기 위해 허용을 선택합니다.

③ 필요한 기능을 활용할 권한 사용에 대해 확인을 선택합니다.

④ 회원가입/로그인을 선택합니다.

⑤ 통신사를 선택 후
⑥ 문자로 인증하기를 선택합니다.

⑦ 이름, 주민번호, 휴대폰
⑧ 번호, 보안문자를 입력 후 확인을 누릅니다.

📱 티머니고 - 고속·시외버스 예매

고속/시외버스, 택시, 따릉이, 씽씽 등을 편하게 이용할 수 있는 앱 입니다.
고속버스 왕복편을 예매해 봅니다.

① 고속.시외버스 예매를 해봅니다.

② 터미널 검색을 가볍게 눌러보세요.

③ 출발 정류장, 도착 정류장을 선택해요.

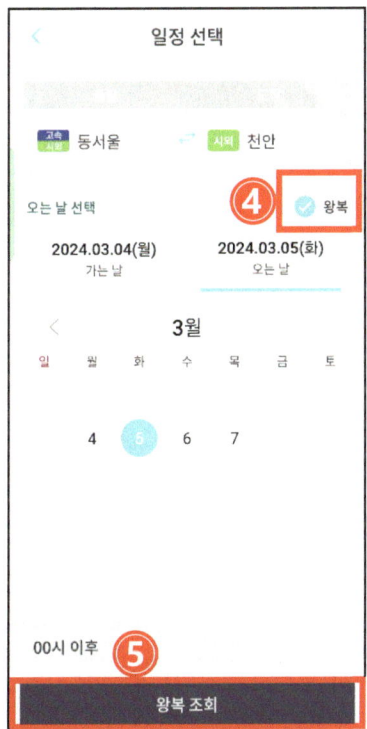

④ 편도와 왕복선택이 가능합니다.
⑤ 왕복조회를 눌러요.

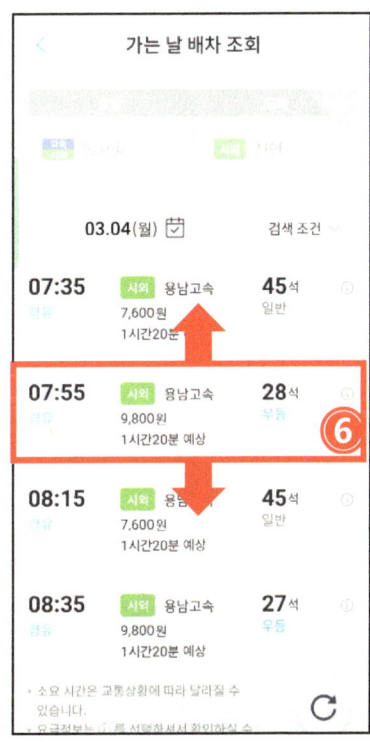

⑥ 화면을 위 아래로 드래그 하여 출발시간을 선택합니다.

⑦ 좌석을 선택한 후 선택완료를 눌러요. 같은 방법으로 돌아오는 버스도 예매합니다.

📱 티머니고 - 고속·시외버스 예매

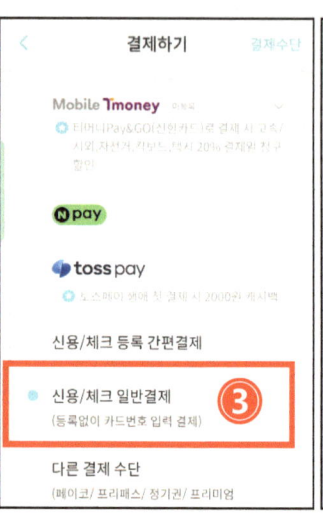
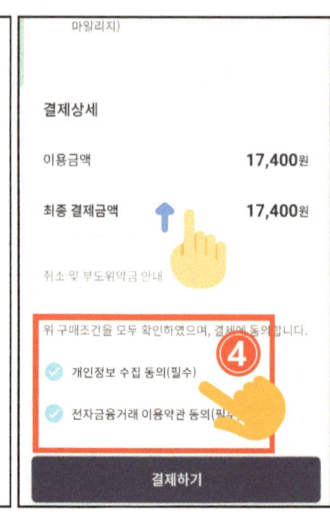

① 티켓의 장소, 시간을 꼭 확인하세요.

② 결제하기를 선택해요.

③ 화면을 위로 드래그해서 신용/체크일반결제를 선택합니다.
   (카드번호 등록하고 싶지 않은 경우)

④ 화면을 위로 드래그해서 동의항목을 모두 선택한 후 결제하기를 눌러주세요.

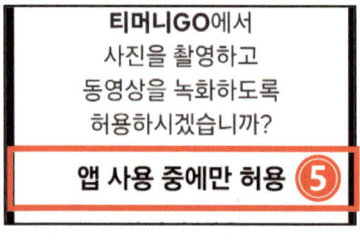

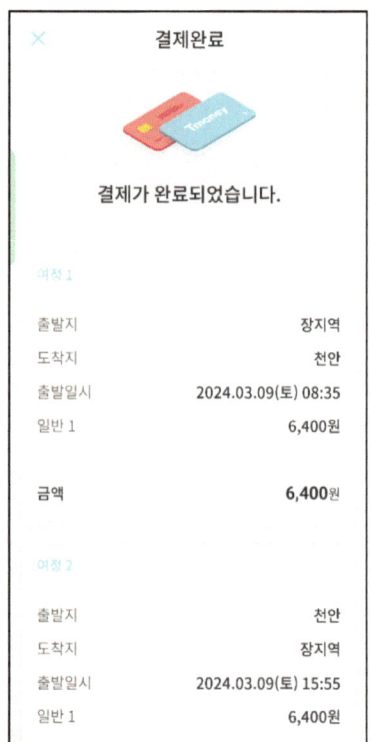

⑤ 앱 사용 중에만 허용을 눌러요.

⑥ 직접 입력을 눌러요.

⑦ 신용카드, 비밀번호 등를 입력해주세요.

⑧ 결제하기를 누르면 고속버스 예매가 완료.

⑨ 결제가 완료! 예약한 티켓을 확인하러 가요~

📱 티머니고 - 예매한 티켓 확인하기

① 예매한 버스티켓은 첫 화면에서 확인할 수 있어요.

② 자세히 보기를 눌러서 상세내역을 확인하세요.

③ 예약을 변경할 경우 예매변경을 선택합니다. 이후 과정은 예매와 같습니다.

📱 티머니고 - 예매를 취소할래요~

④ 예매취소를 눌러요.

⑤ 취소할 티켓을 확인 후 예매취소를 눌러요.

⑥ 수수료와 반환금액을 확인하고 취소할게요를 누르면 됩니다.

📱 네이버지도에서 기차예매해요

기차 승차권 예매를 쉽고 빠르게 해봐요 네이버 기차 예매는 네이버 페이 카드 간편 결제만 지원합니다.

① 네이버 길찾기 홈에서 을 눌러요.

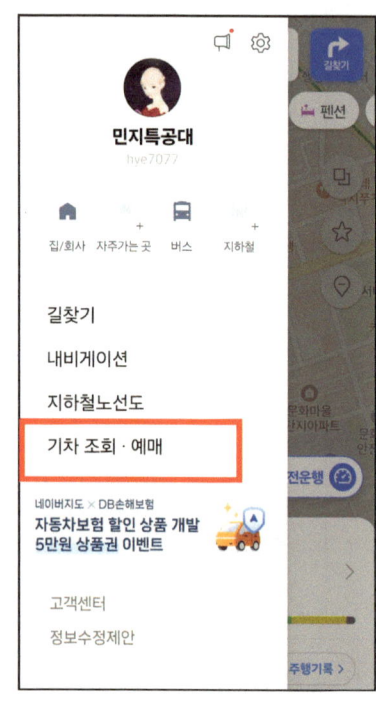

② 기차 조회·예매를 눌러요.

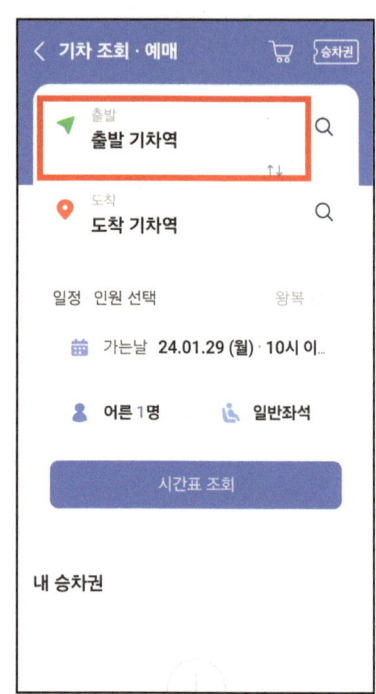

③ 편도로 예매해요. 출발 기차역을 눌러요.

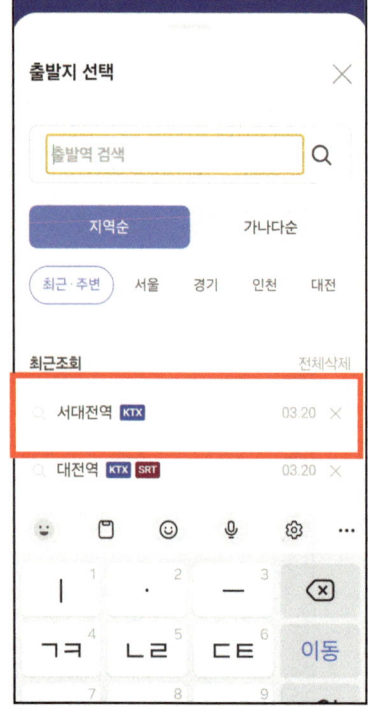

④ 출발지 기차역을 선택해요.

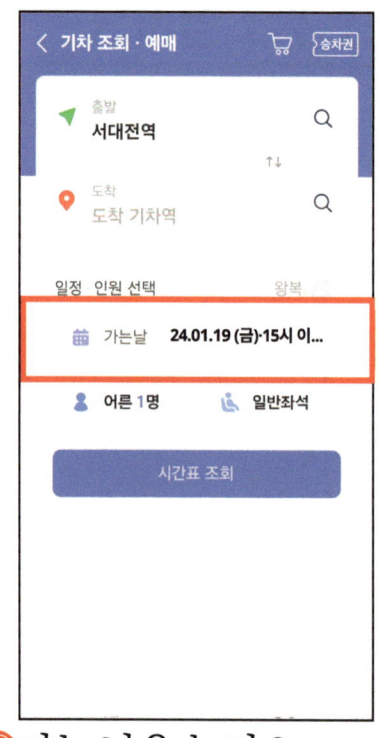

⑤ 가는 날을 눌러요.

⑥ 가는날을 선택하고 적용을 눌러요.

도착지 기차역도 같은 방식으로 "서울역"으로 선택하겠습니다.

네이버지도에서 기차예매해요

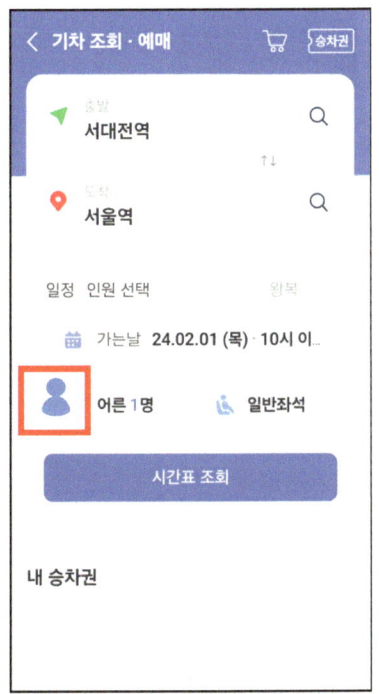

⑦ 👤 을 눌러요.

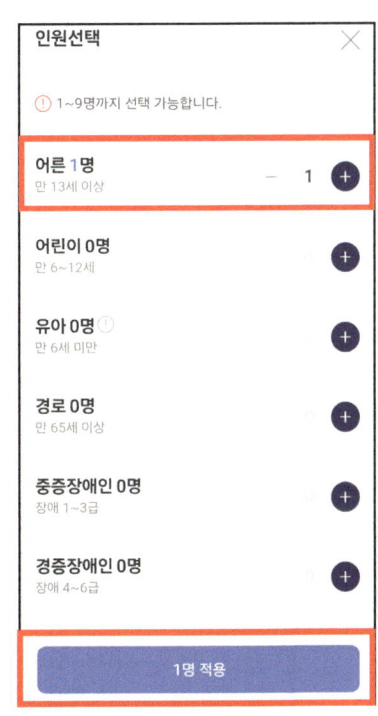

⑧ 인원을 선택하고 적용을 눌러요.

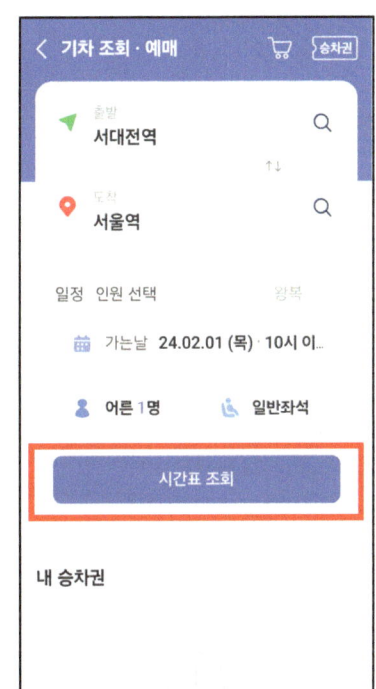

⑨ 시간표 조회를 눌러요. (탑승시간 조회)

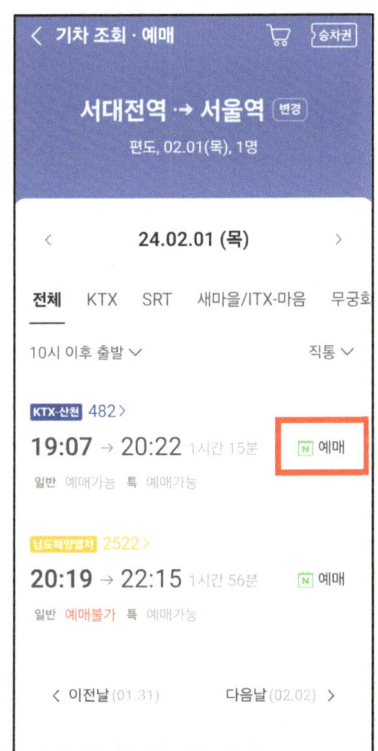

⑧ 시간을 선택하고 예매를 눌러요.

⑨ 객실등급을 선택해요.

⑩ 열차의 호차와 좌석을 선택합니다.
역방향/순방향은 의자 등받이로 구분해요.

109

📱 네이버지도에서 기차예매해요

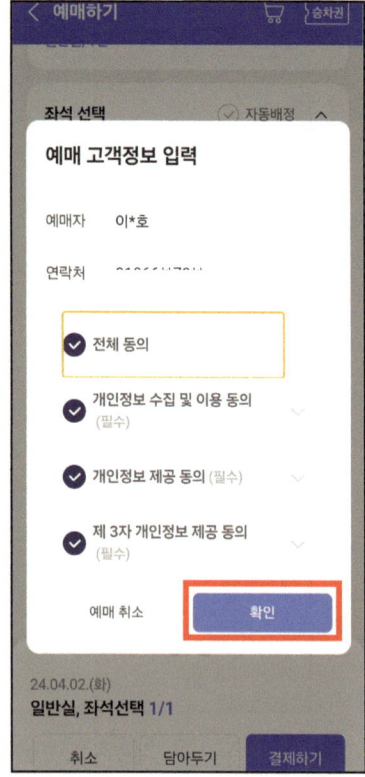 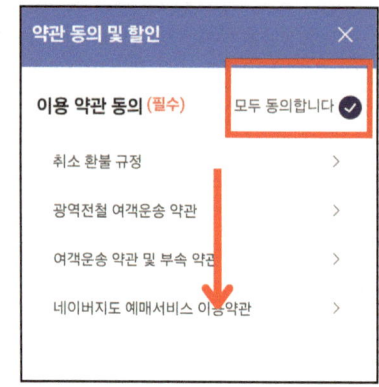 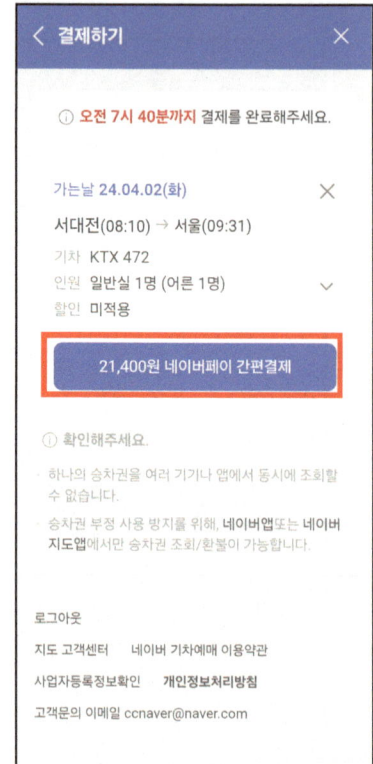

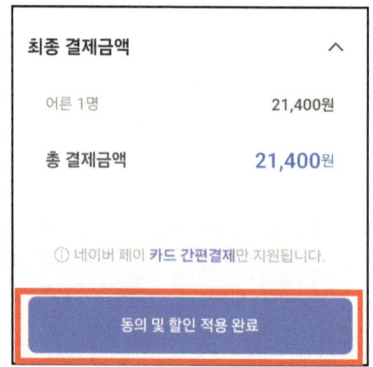

⑪ 전체 동의를 체크하고 확인을 눌러요.

⑫ 이용약관 모두 동의 체크하고 동의 및적용 완료를 눌러요.

⑬ 네이버 페이 간편결제를 눌러요.

 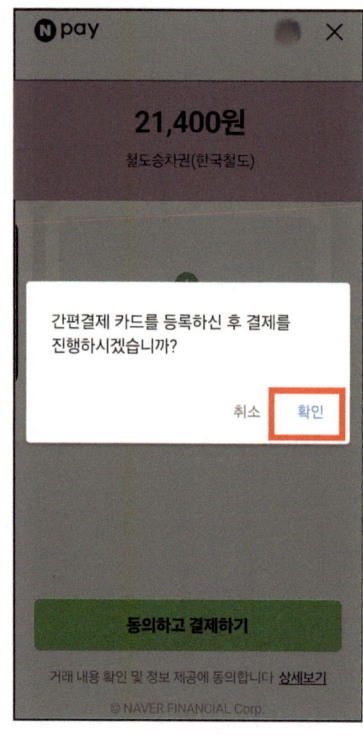 

⑭ 카드 등록하기를 눌러요.
⑮ 확인을 눌러요.
⑯ 카드번호를 입력 후 전체 약관 동의를 선택합니다. 완료를 눌러요.
이후 네이버페이 비밀번호 6자리를 누르면 카드 등록이 완료됩니다.

📱 네이버지도에서 기차예매해요

 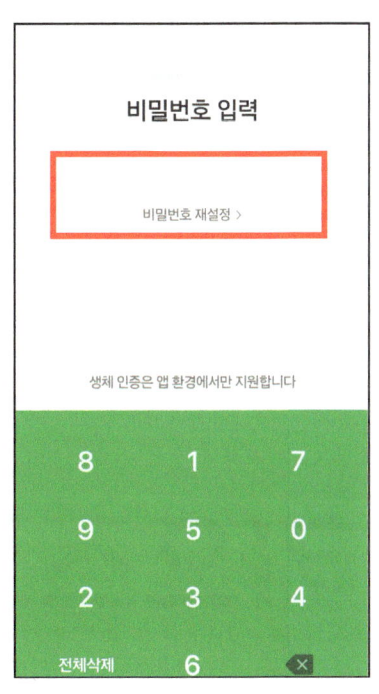 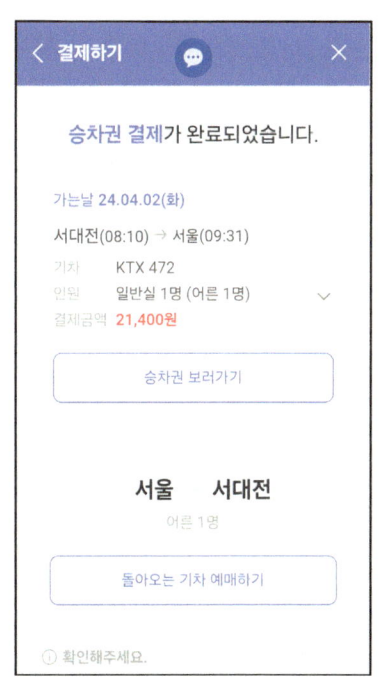

① 결제화면입니다. 동의하고 결제하기 눌러요.

② 네이버 페이 간편결제 비밀번호를 입력해요.

③ 결제가 완료되고 승차권을 확인 할수 있어요.

📱 네이버지도에서 승차권 환불해요

  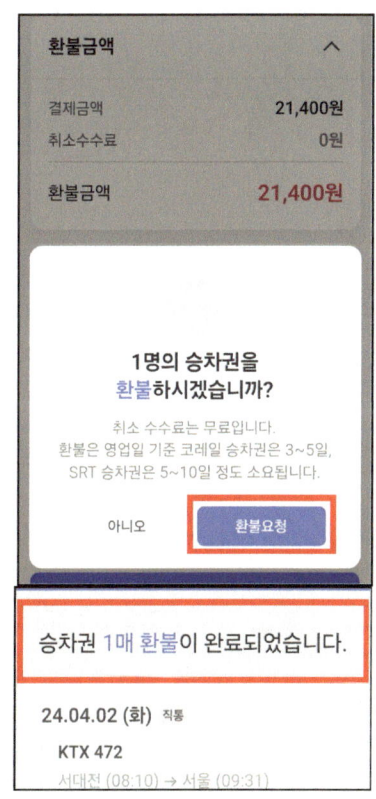

① 승차권 환불을 눌러요.

② 1명의 승차권 환불 요청을 눌러요.

③ 환불 요청을 눌러요.

키오스크

키오스크란 무엇인가요?	113
애프앤제이	114
서초톡톡	116
스마트시니어	118

📱 키오스크란 무엇인가요?

키오스크는 터치스크린을 통해 정보를 얻고 상품을 주문하거나 구매할 수 있는 기기입니다. 주로 음식점, 카페, 영화관, 은행, 병원 등 다양한 곳에서 사용됩니다.

사용 방법은 화면에 표시되는 안내에 따라 진행하면 됩니다.

먼저 시작 버튼을 터치하고, 원하는 메뉴를 선택합니다. 추가 옵션(사이즈나 수량 등)을 선택 후 결제를 하면 됩니다.

바코드를 스캔하거나 카드 또는 현금을 투입하여 결제를 완료할 수 있습니다.

조금씩 연습하면서 익숙해지시면 더욱 쉽게 사용하실 수 있을 거예요!

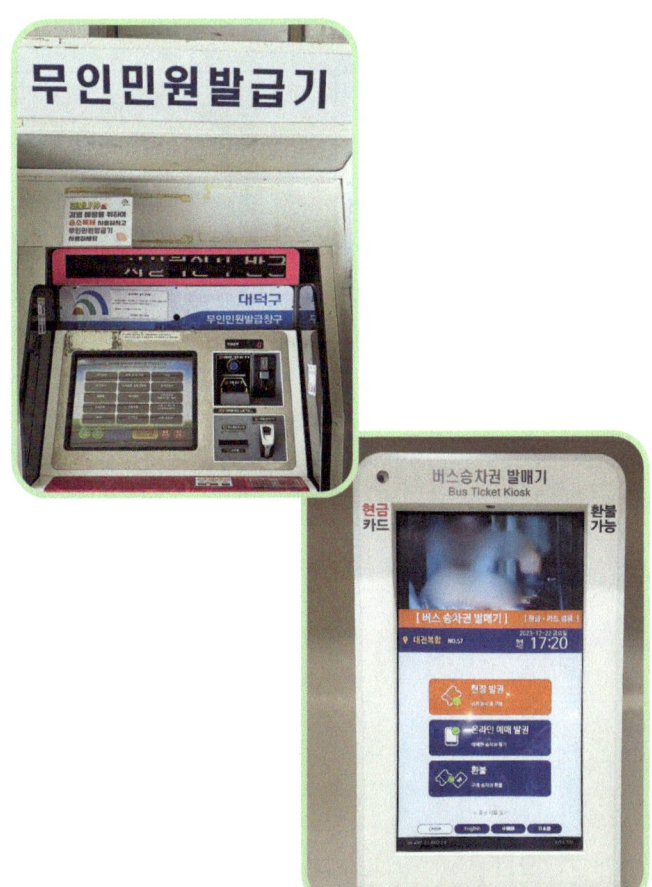

에프엔제이 kiosk - 12종류의 키오스크를 연습

총 12종의 키오스크를 체험할 수 있는 키오스크 교육용 앱 입니다.
버튼 사용법을 먼저 읽어 주세요.

① 카페에서 음료를 주문해 볼까요?

② 둘러보기를 눌러서 메뉴 주문을 해요.

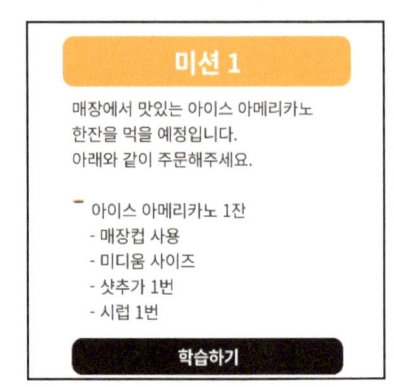

〈둘러보기〉를 통해서 자유롭게 주문연습을 해볼 수 있어요.

미션1~미션3은 주문지를 보고 똑같이 해보는 게임입니다.

③ 주문하시려면 터치하세요를 눌러요.

④ 매장에서 먹기 위해 매장이용을 눌러요.

⑤ 먹고 싶은 음료를 선택해요.

📱 에프엔제이 kiosk – 12종류의 키오스크를 연습

❻ 매장컵, 사이즈 선택 후 확인을 눌러요.

❼ 주문 화면에 커피가 선택되었습니다. 디저트를 추가해요.

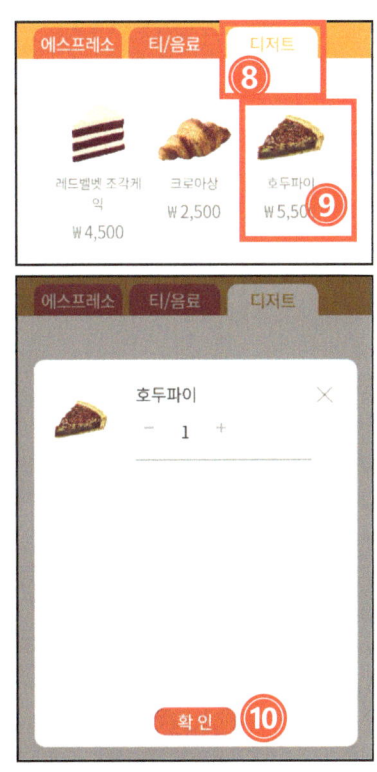

❽ 디저트탭에서
❾ 호두파이를 누른 후
❿ 확인을 누릅니다.

⑪ 주문한 것을 확인 후 주문하기를 눌러요.

⑫ 결제하기를 눌러서 계산을 하면 됩니다.

⑬ 주문번호를 확인하고 가지러 가요.

📱 서초톡톡 – 9종류의 키오스크를 연습

사용자를 위한 음성안내 기능이 들어있고, 총 9종의 키오스크를 체험할 수 있는 키오스크 교육용 앱 입니다. 버튼 사용법을 먼저 읽어 주세요

 앱 종료하기

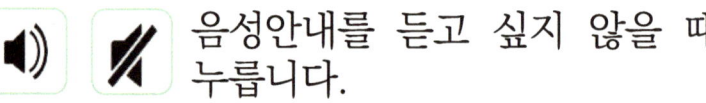 음성안내를 듣고 싶지 않을 때 누릅니다.

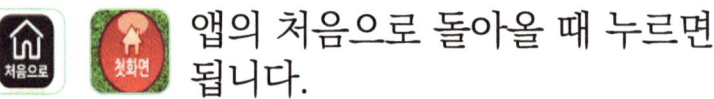 앱의 처음으로 돌아올 때 누르면 됩니다.

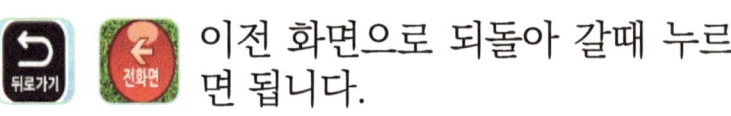 이전 화면으로 되돌아 갈때 누르면 됩니다.

무인민원 발급기는 구청, 지하철역, 법원 등 공공 장소에 설치되어 있습니다.

① 무인민원발급기를 연습해 볼까요?

② 주민등록을 발급해 봅니다.

③ 필요한 서류를 눌러요.

📱 서초톡톡 - 9종류의 키오스크를 연습

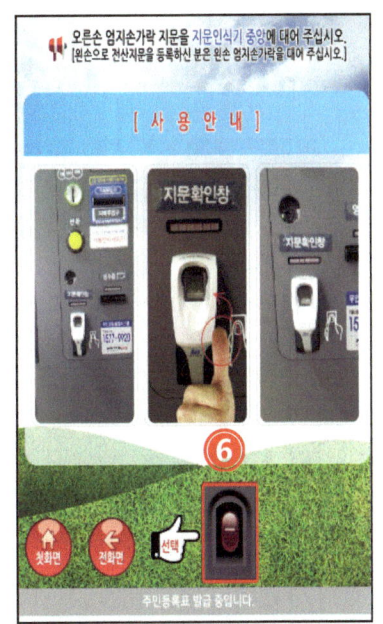
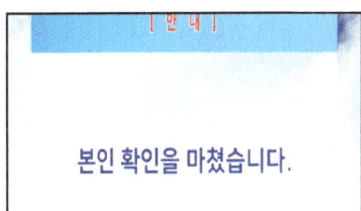
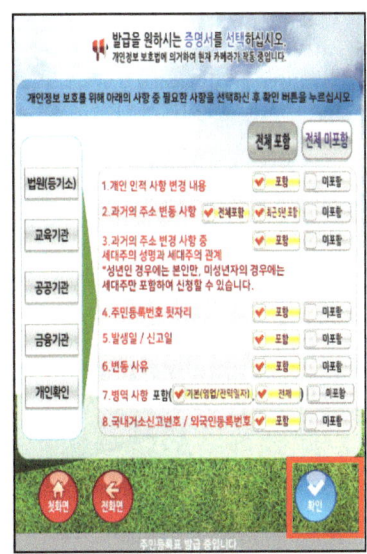

④ 주민번호를 눌러요.
⑤ 확인을 선택해요.
[삭제][정정] 잘못 썼다면 삭제나 정정을 눌러서 지우고 다시 쓰면 되요~

⑥ 수수료는 동전, 지폐, 카드로 지불합니다. 지문확인창에 엄지 손가락을 댑니다. 앱에서는 손으로 눌러요.

⑦ 발급을 위한 필요 사항을 선택한 후 확인을 눌러요.

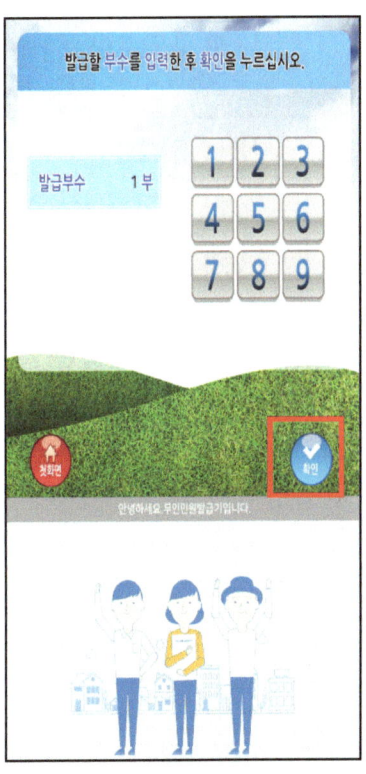

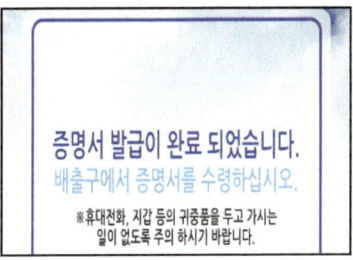

⑧ 본인에게 맞는 것을 선택하면 됩니다.

⑨ 발급할 수량을 숫자패드에서 선택하고 확인을 누릅니다.

⑩ 수수료를 투입하고 확인을 누르면 증명서 발급이 됩니다.

📱 스마트 시니어 – 은행 체험 앱

산업은행과 금융감독원이 만든 무료 디지털금융교육 서비스로 실제와 동일한 모의은행거래 연습을 위한 교육용 앱

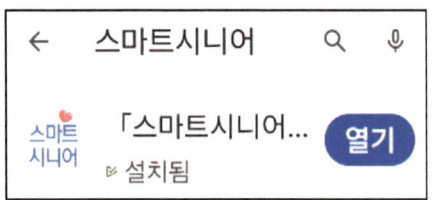

"스마트시니어" 검색하여 설치하거나 큐알코드를 카메라로 찍으면 연결됩니다

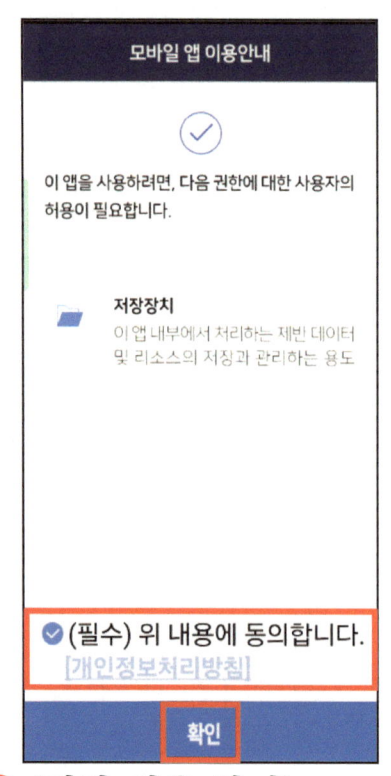

① 〈권한 허용 화면〉
필수를 선택 후
확인을 눌러주세요.

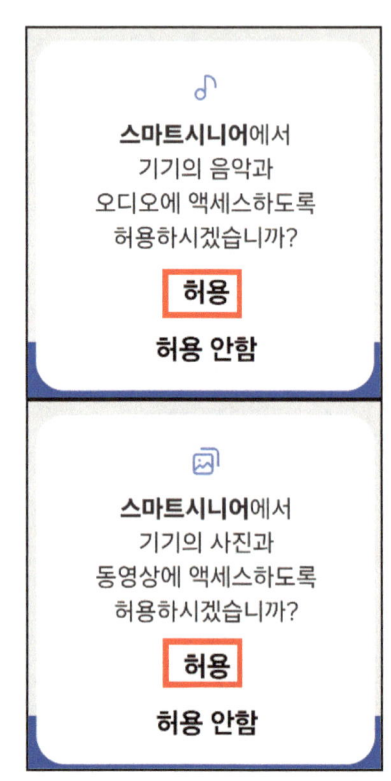

② 모두 허용을 선택하면 됩니다.

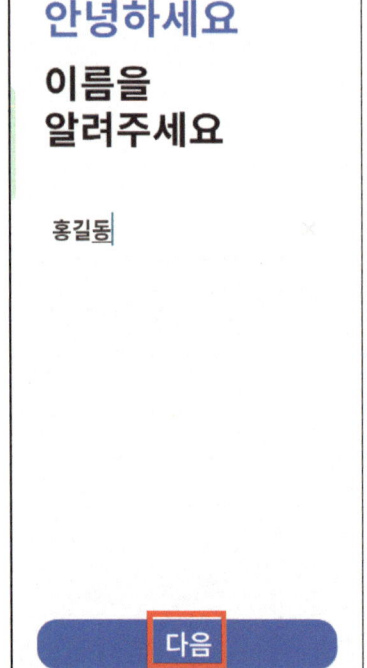

③ 사용자등록하기
이름 입력 후 다음

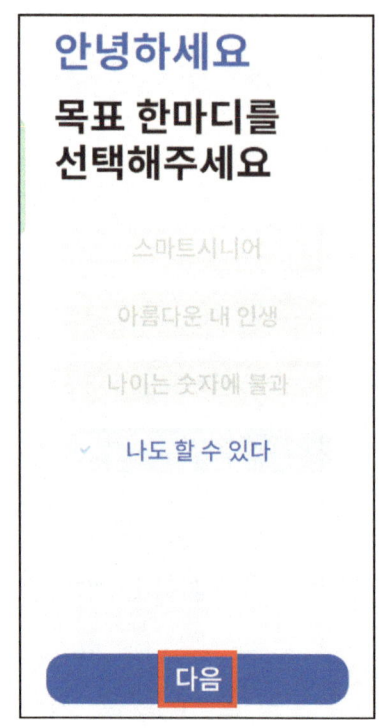

④ 사용자등록하기
목표 선택 후 다음

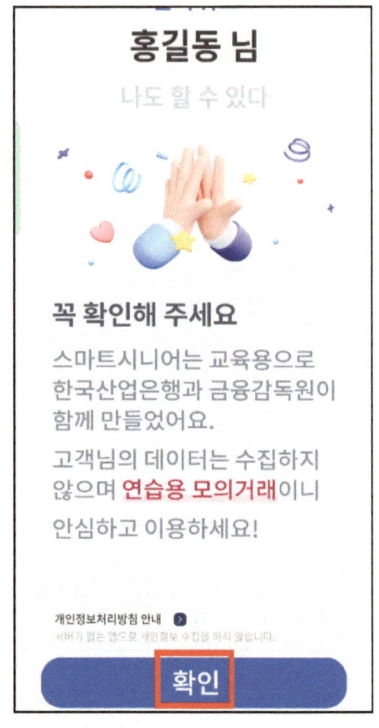

⑤ 안내사항을 읽은 후
확인을 누릅니다.

📱 스마트 시니어 - 은행 체험 앱

조회·이체 연습 화면에서 계좌의 잔액 조회와 이체(송금)하는 연습입니다.
은행앱을 사용하기 전에 미리 체험해 봅니다.

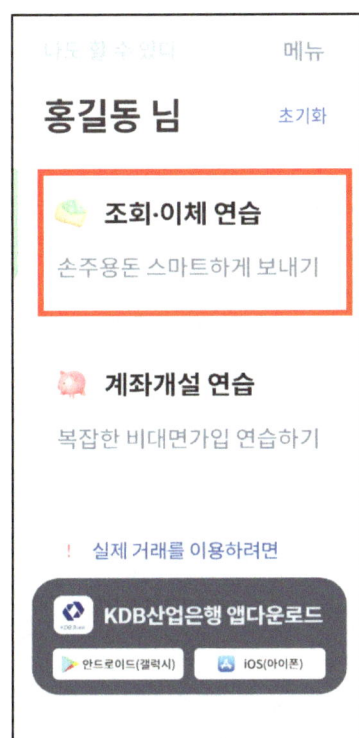

① 조회·이체 연습을 눌러주세요.

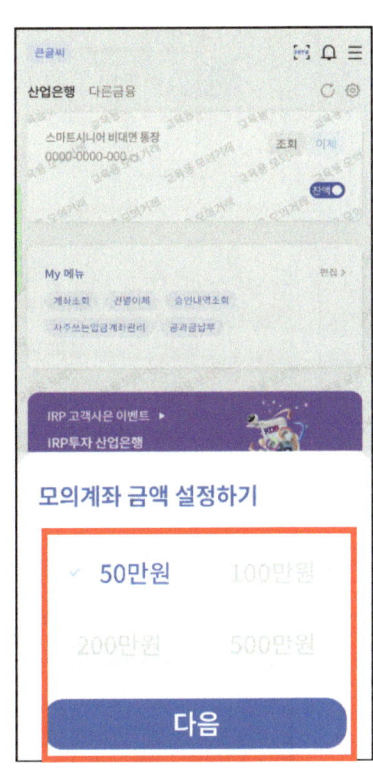

② 모의 잔액 선택 후 다음을 눌러요.

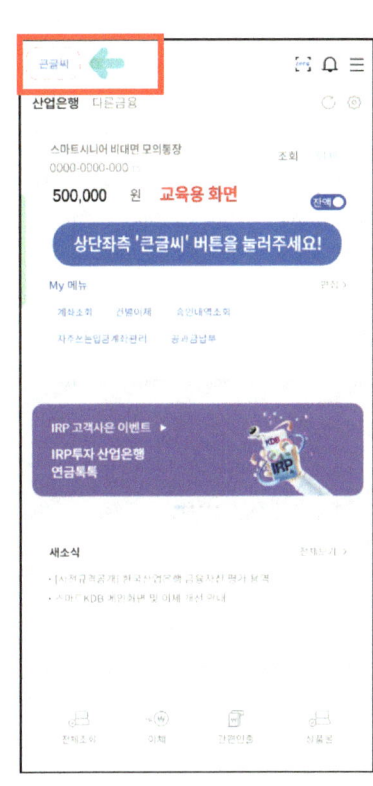

③ 큰글씨 버튼 선택 시 큰글씨 뱅킹 모드로 변환됩니다.

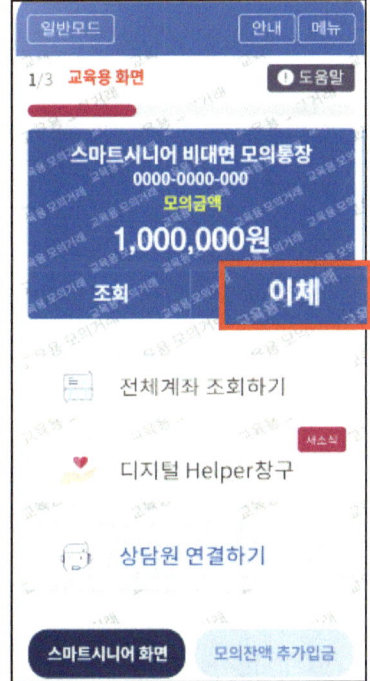

④ 송금연습을 해봅니다 이체를 눌러요.

⑤ 비밀번호를 입력 후 입력완료를 눌러요.

⑥ 모의이체금액을 입력 하고 다음을 눌러요.

📱 스마트 시니어 – 은행 체험 앱

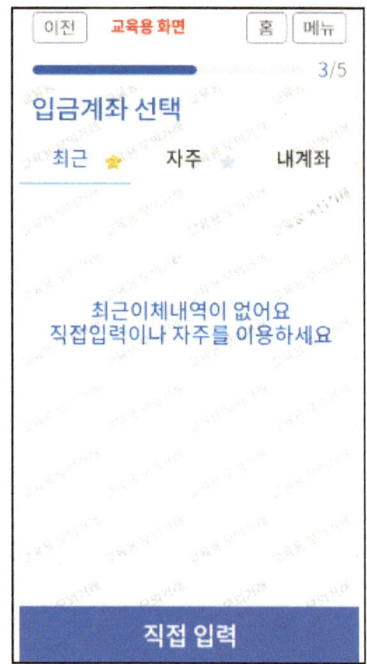

⑦ 모의연습이라 최근탭은 기록이 없습니다.

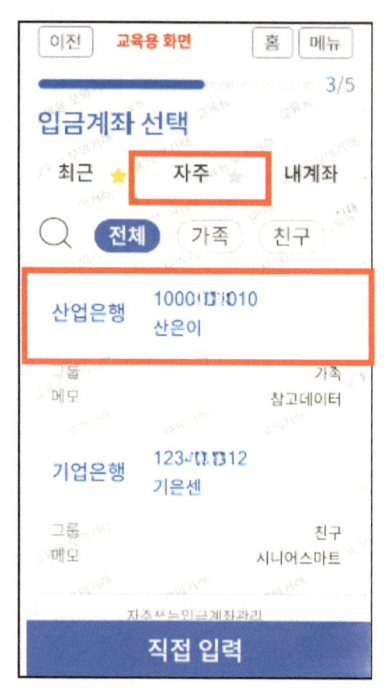

⑧ 자주탭을 누르면 이체한 계좌목록이 있어요. 산은이를 선택해요.

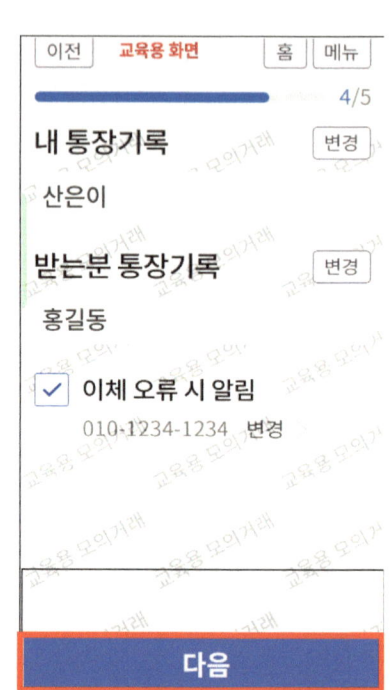

⑨ 내 통장에는 받는사람이, 받는분 통장에는 내이름이 기록되요. 다음을 눌러요.

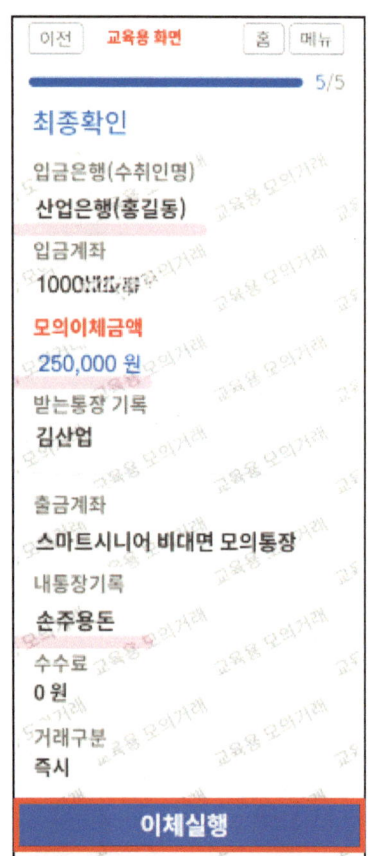

⑩ 계좌번호, 받는사람 이름, 금액을 확인 후 이체실행을 눌러요.

안전을 위한 2단계 보안의 하나인 금융인증서입니다

⑪ 인증서를 누르고 비밀번호를 입력해요.

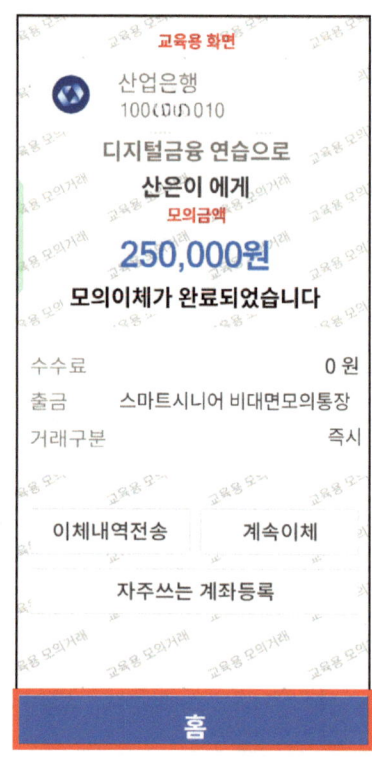

⑫ 이체가 완료되었어요. 홈을 누르면 처음화면으로 돌아가요.

스마트한 추천 앱

디지털문해 122

감성공장 124

캡컷(템플릿) 126

글그램 127

전광판 플러스 129

스노우 131

음악다운 133

응급의료정보제공 135

📱 디지털 문해(디지털 훈민정음)

디지털문해 수업을 위한 기초동작(터치, 누름, 드래그, 디지털 기호, 디지털 서명, 키보드)을 연습할 수 있는 스마트폰의 교육용 앱.

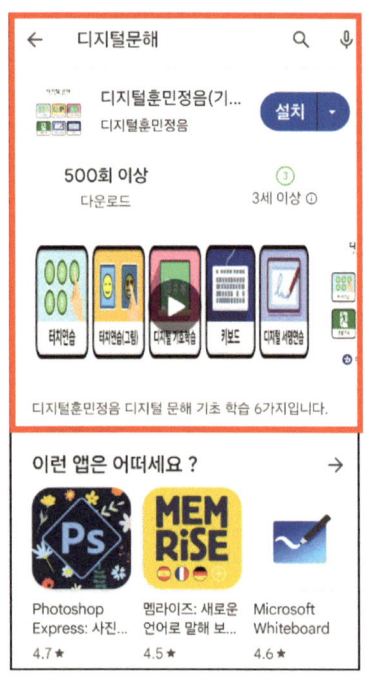

① 플레이 스토어에서 **디지털 문해** 검색해서 설치합니다.

② 기초동작 6가지를 연습해 봅니다.

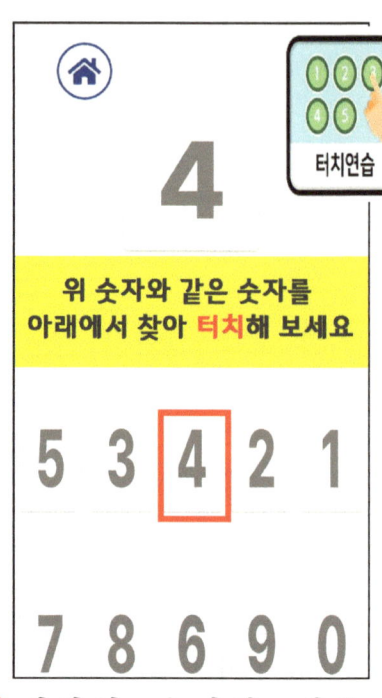

③ 예시의 숫자와 같은 숫자를 눌러주세요.

④ 같은 그림을 찾아 눌러요.

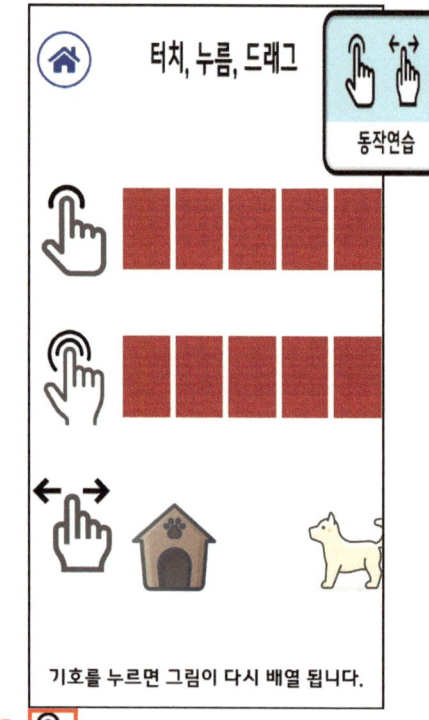

⑤ 가볍게 눌러요.
꾸~욱 눌러요.
개를 집에 넣어요.

⑥ 설명에 맞는 기호를 찾아서 눌러요.

디지털 문해(디지털 훈민정음)

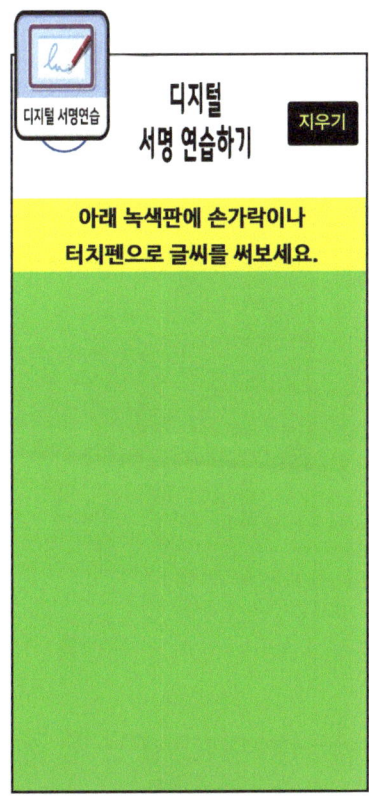

❼ 녹색창에 손가락이나 터치펜으로 이름을 써보세요.

❽ 아래의 글자판에서 글씨 써보기 연습을 해보세요.

스마트폰으로 타자연습을 쉽게 익힐 수 있도록 도와주는 앱입니다. 플레이스토어에서 검색하여 설치 후 사용하면 됩니다.

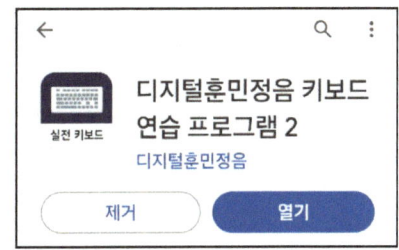

📱 감성 공장

자신만의 캘리/글씨를 사진과 합성해 감성 넘치는 작품을 만들 수 있어요.

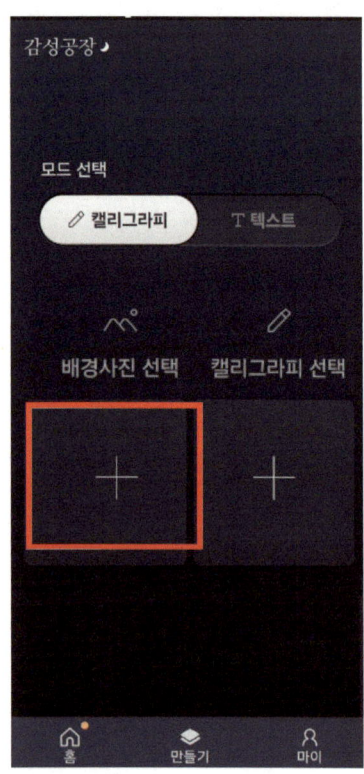

❶ 홈 화면에서 배경 사진을 눌러요.

❷ 꽃, 하늘 등 원하는 키워드를 선택해요.

❸ 마음에 드는 사진을 선택하세요.

❹ 캘리그라피 선택을 눌러요.

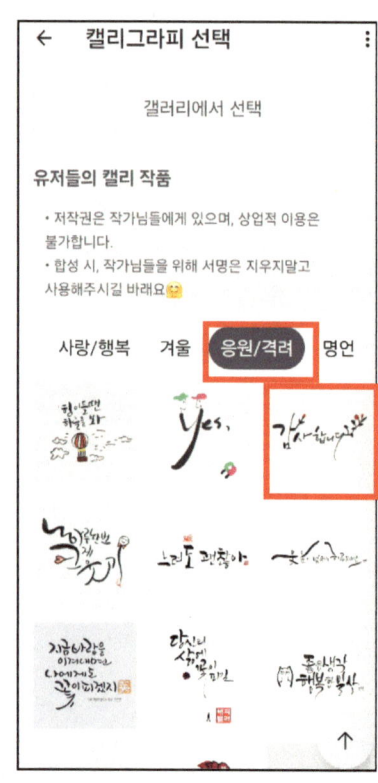

❺ 원하는 캘리그라피를 선택해요.

❻ 합성하기를 눌러요.

📱 감성 공장

① 글씨를 확대,축소하고 위치이동을 할 수 있어요.

② 글씨를 원하는 위치에 놓아둡니다. 글씨의 색을 바꿔볼까요?

③ 컬러누르고
④ 파랑색 선택하고
⑤ 완료 눌러 주세요.
⑥ ✓ 를 눌러 주세요.

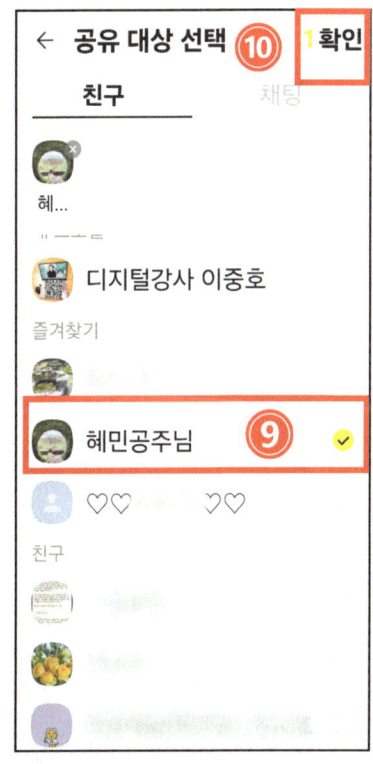

⑦ 자동저장된 작품을 공유하기를 눌러 자랑해보세요.

⑧ 카톡친구에게 보내볼까요?

⑨ 친구를 선택하고
⑩ 확인을 누르세요.

캡컷(템플릿) - 영상 만들어 공유하기

전문가 수준의 비디오를 빠르고 쉽게 만들기 위해 미리 만들어진 템플릿 라이브러리를 배워봅니다.

① 마음에 드는 영상 템플릿을 눌러요.

② 템플릿 사용을 눌러요.  3장의 사진이 필요합니다.

③ 3개의 사진이나 동영상을 선택해요
④ 다음을 눌러요.

⑤ 내보내기를 눌러요.

⑥ 내보내기를 눌러요.

⑦ 상단 완료 를 누르면 갤러리에 저장돼요.

📱 글그램 - 사진에 글쓰기

사진에 글쓰기 앱으로, 감성 글, 사랑 글, 안부 인사, 응원 글, 썸네일 등 다양하게 사용되고 있습니다.

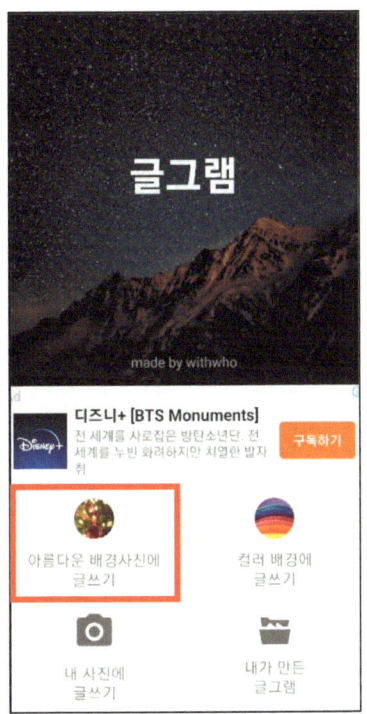

① 아름다운 배경 사진에 글쓰기를 눌러요.

② 위로 드래그하여 태그사진에서 감사를 눌러요.

③ 사진을 선택합니다

④ 1:1 사이즈를 눌러요

⑤ ✓ 체크를 눌러요.

⑥ 터치하여 글자를 입력하세요를 눌러주세요.

글그램 - 사진에 글쓰기

⑦ 글자를 입력하고 ✓를 눌러요.

⑧ 글꼴을 눌러요.

⑨ 글자 크기와 글꼴을 선택해요.

⑩ 글자색을 눌러요.

⑪ 색상은 좌우로 움직여 선택하고, X를 눌러서 창을 닫아요.

⑫ 저장을 눌러요. 내 갤러리에 저장되요.

전광판 플러스

사랑하는 가족들에게 응원의 메시지를 다양하게 꾸며보세요.

① 상단 입력창을 눌러요.

② 글씨를 입력 후 확인을 눌러요.

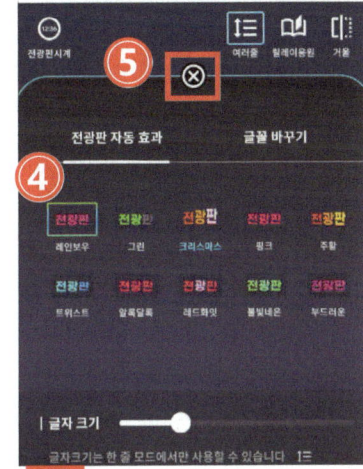

③ 글자 를 눌러요.
④ 전광판 효과를 눌러요.
⑤ ⊗ 를 눌러 닫아요.

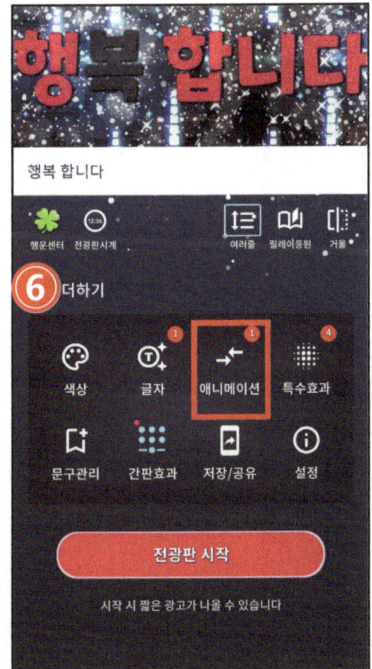

⑥ 애니메이션을 눌러요.

⑦ 효과를 선택해요.
⑧ ⊗ 로 닫아요.

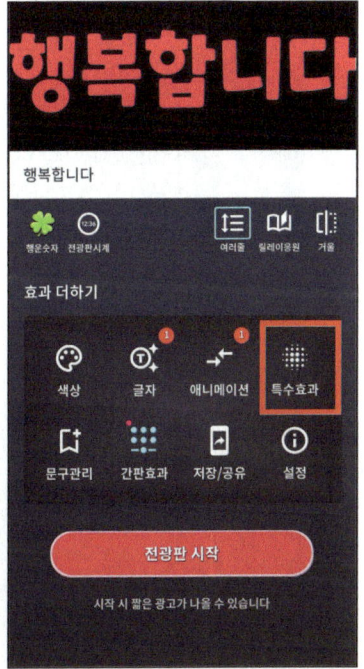

⑨ 특수효과를 눌러요.

전광판 플러스

⑩ 효과를 선택해요.
⑪ ⊗ 로 닫아요.

⑫ 전광판 시작을 눌러요.

화면이 가로로 바뀌면서 글씨가 반짝거리며 보여집니다.

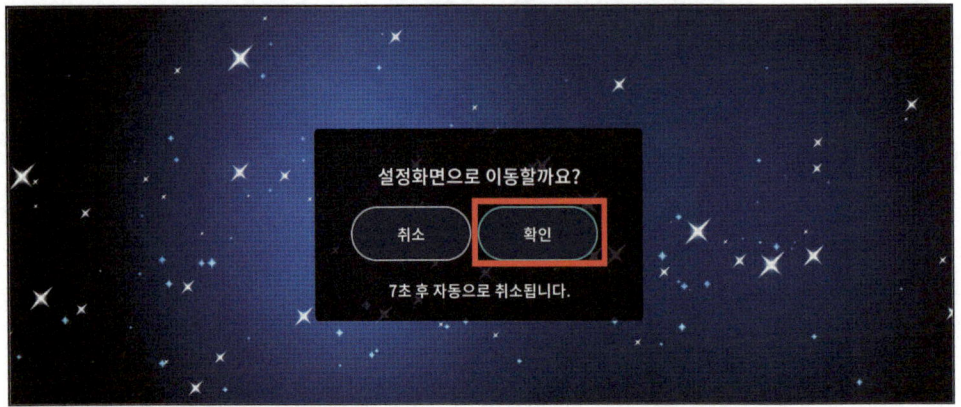

종료할때는 화면을 터치하고 확인을 누릅니다.

📱 스노우 – 이펙트 사용하기

사진을 꾸미는 촬영 앱. 다양한 필터와 보정 기능을 제공하며, 화장한 느낌, 만화 느낌 등 다양한 필터가 있어 멋진 사진을 꾸밀 수 있습니다.

① 홈화면에서 ☺ 를 눌러요.

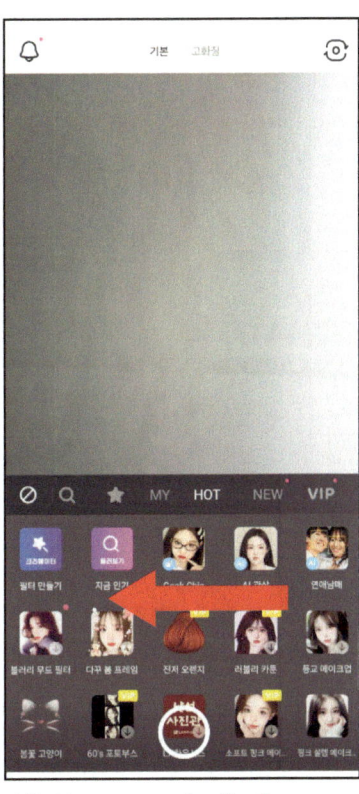

② 왼쪽으로 밀면서 필터를 찾아봅니다.

③ 필터를 선택해요.
④ ⬤ 를 눌러 사진을 찍어요.
⑤ < 되돌아가기를 눌러요.

⑥ 홈으로 돌아와요.
⑦ 보정을 눌러요.

⑧ 앨범에서 확인 할 수 있어요.

사진을 촬영 후 홈으로 돌아왔을 때에도 필터가 적용되어 있다면 이펙트를 눌러요.
⊘ 를 누르고 필터 해제 합니다.

스노우 - 사진을 꾸며 보아요

❶ 보정을 눌러요.

❷ 갤러리에서 보정할 사진을 선택해요.

❸ 하단 메뉴에서 이펙트를 눌러요.

❹ 마스크 누르고 원하는 필터를 눌러요.

❺ 사진을 움직여 고정 한 후 ✓ 를 눌러요.

❻ 저장을 눌러요. 갤러리에서 확인해요.

📱 음악다운 - 설치하기

음악다운앱을 이용하면 인터넷에서 검색한 음악을 손쉽게 다운로드 받을 수 있습니다.

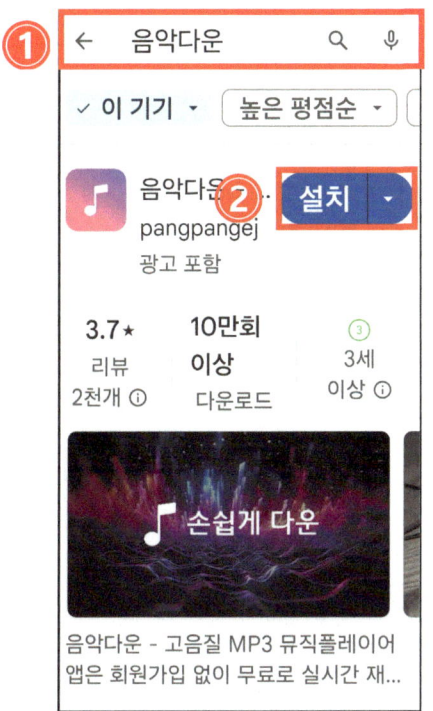

① 음악다운을 입력해요.
② 설치를 눌러요.

③ 열기를 눌러요.

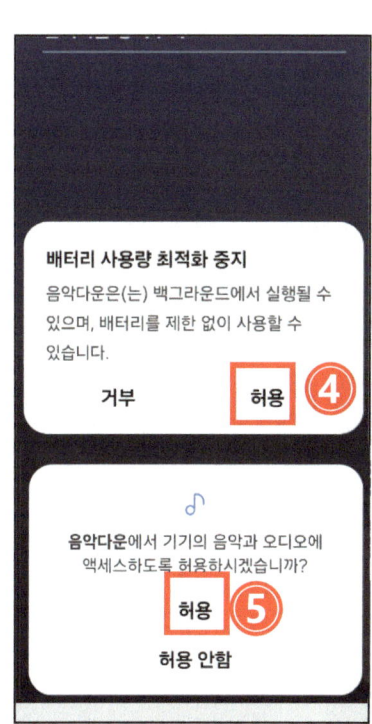

④ 허용을 눌러요.
⑤ 허용을 눌러요.

⑥ 알림 허용 켜요.
⑦ <를 눌러 나가기

⑧ 앱 권한허용 확인을 눌러요.

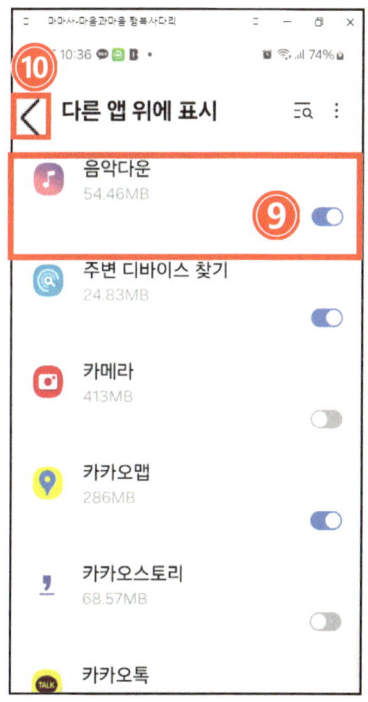

⑨ 다른 앱 위에 표시 켜요.
⑩ <를 눌러 나가기

📱 음악다운 - 검색하고 다운받기

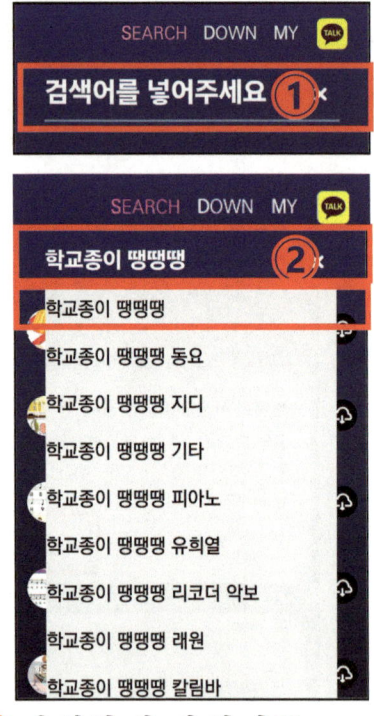

❶ 검색창에 검색어를 입력해요.
❷ 목록에서 선택해요.

❸ ▶ 미리듣기로 음악을 들어보세요.

❹ ☁ (다운)을 눌러 다운을 받아요.

📱 음악다운 - 노래를 다운받았는데 노래가 멈추지 않는다면

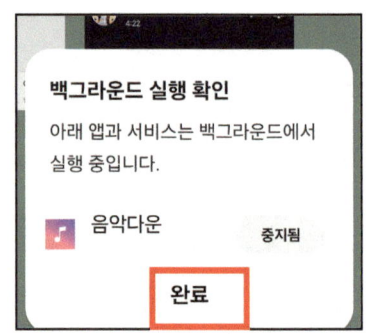

❶ 최근실행앱(줄세개/네비게이션바)을 눌러요.

❷ 백그라운드 실행 중 글씨를 눌러요

❸ 백그라운드실행확인에서 중지를 눌러요.
❹ 완료를 눌러요. 앱사용이 중지됩니다.

📱 응급의료정보제공

병의원, 약국, 응급실, 심장자동충격기, 응급실조건을 찾을 수 있어요.
명절, 휴일 지킴이, 응급의료기관을 찾을 수 있어요.

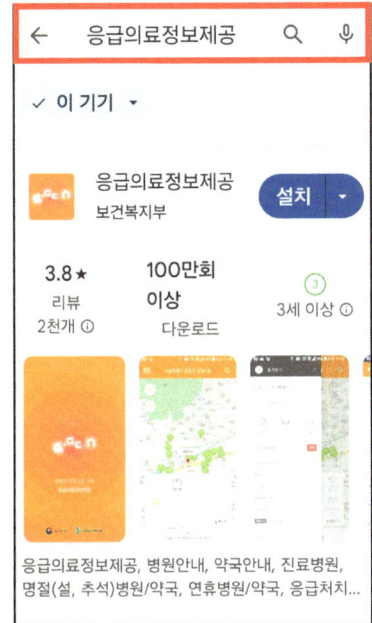

❶ 플레이스토어에서 응급의료정보제공을 검색해요.

❷ 설치를 눌러요.

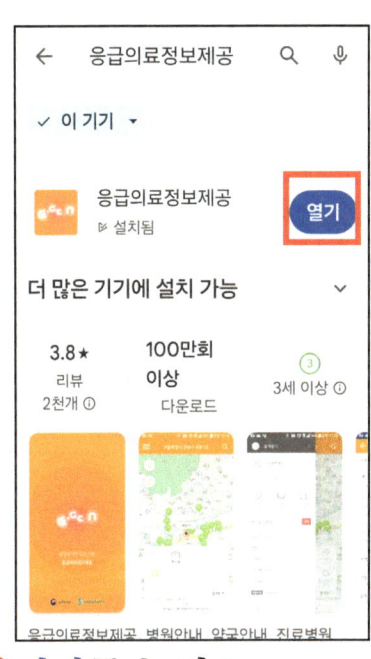

❸ 열기를 눌러요.

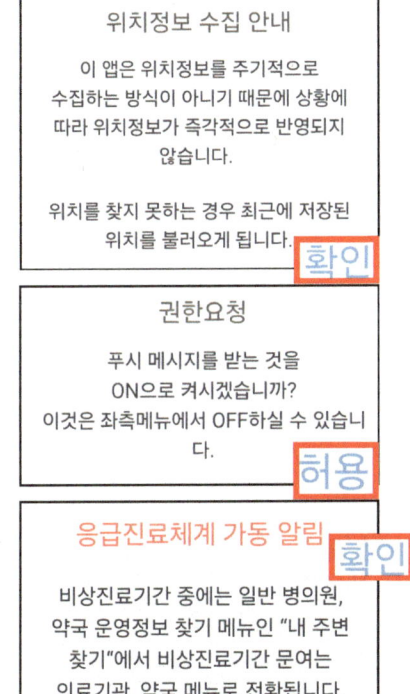

❹ 앱 사용을 위한 권한 확인, 허용을 눌러요.

❺ 앱 사용 중에만 허용을 눌러요.

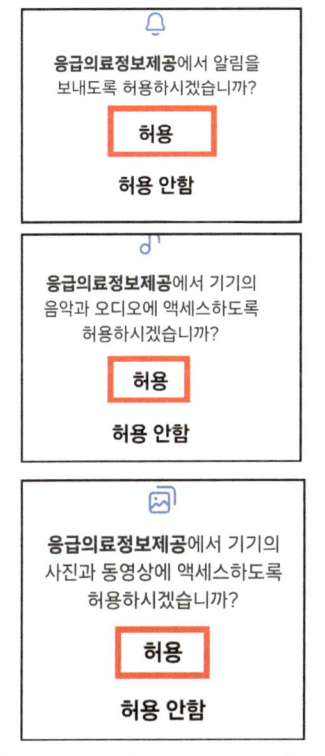

❻ 모두 허용을 눌러요.

응급의료정보제공

① 병의원을 눌러요.
내 주변의 병의원을
볼수 있어요.

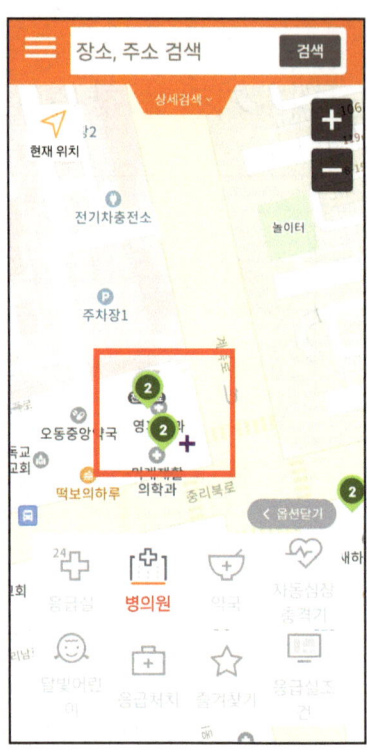

② 진료중인 병의원을
눌러요.

③ 병원의 정보를 확인
할 수 있으며, 전화를
눌러 문의해요.

① 약국을 눌러요.

② 운영중인 약국을
눌러요.

③ 전화를 눌러 문의할 수
있습니다.

📱 응급의료정보제공

① 응급실을 눌러요.

② 병원을 눌러요.

③ 응급실 운영현황이 보여요.

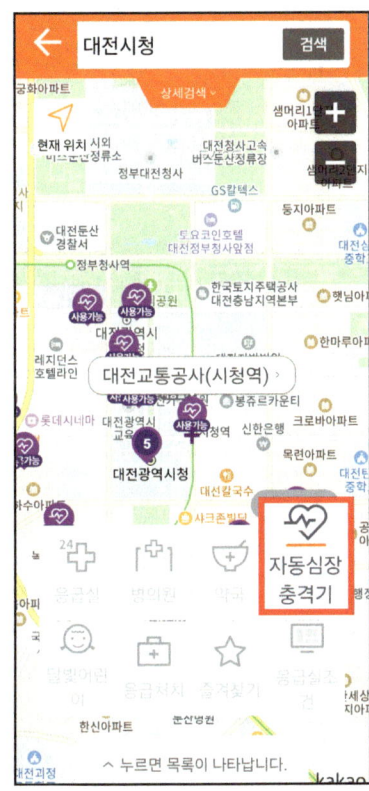

① 자동심박충격기를 누르면 주변에 위치가 보여요.

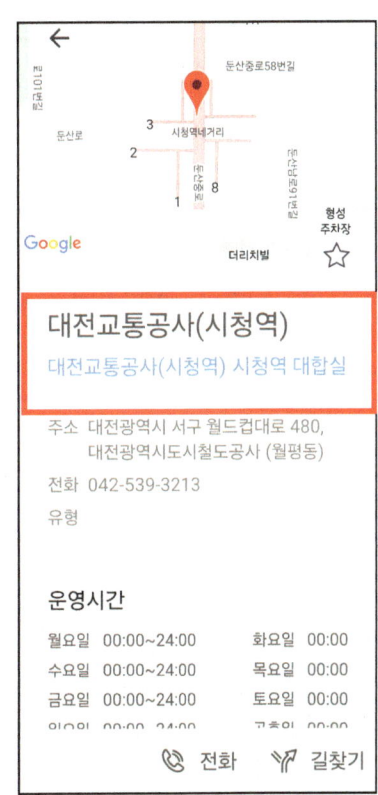

② 위치를 알 수 있어요.

③ 별표를 눌러 즐겨찾기에 추가 해요.

📱 응급의료정보제공

❶ 응급처치를 눌러요.

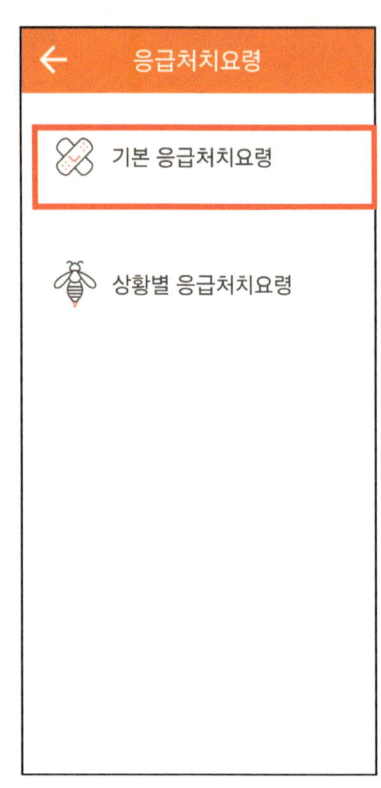

❷ 기본응급처치요령을 눌러요.

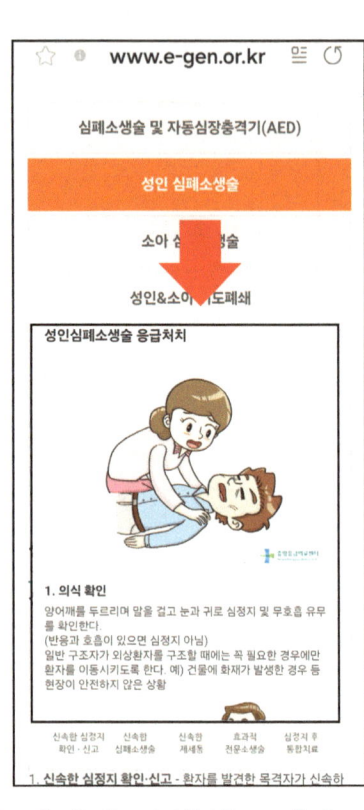

❸ 기본응급처치요령을 배워요.

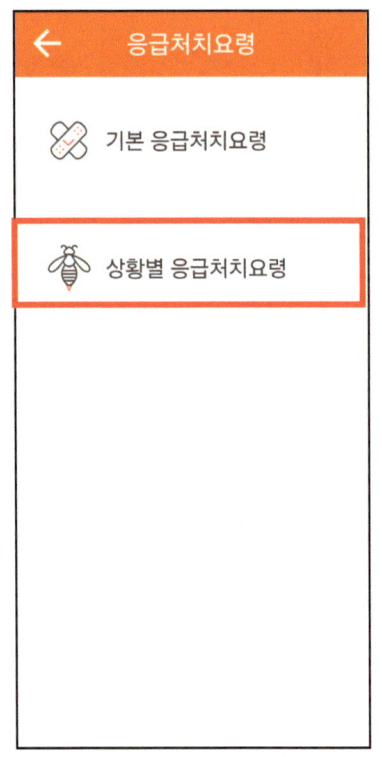

❹ 상황별 응급처치 요령을 눌러요.

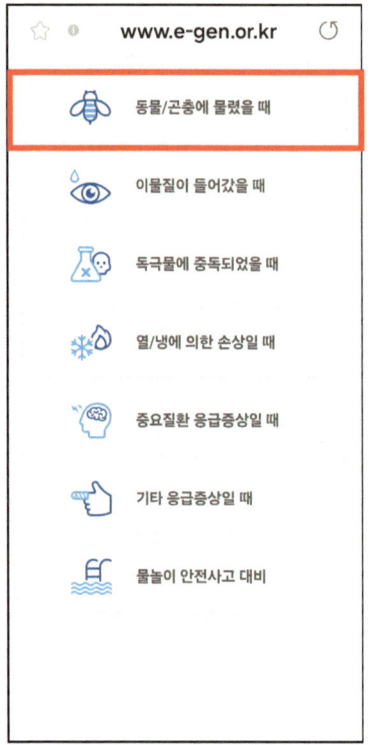

❺ 응급처치요령을 눌러요.

❻ 응급처치 요령을 보고 배워요.

AskUp
아숙업

채널 추가하기	**140**
무엇이든 물어보고 이야기를 나눠봐요	**141**
• 편지나 시를 써봐요	
• 여행계획을 짜봐요	
• 건강상식을 알아봐요	
그림을 그려봐요	**142**
얼굴 변경 해봐요	**142**
음식정보를 알아봐요	**143**
새로운 대화를 시작해봐요	**143**

AskUp(아숙업) 채널추가하기

카카오톡 채팅을 통해 대화하는 채팅로봇 서비스입니다. Open AI가 제공하는 답변이 부정확하거나 부적절할 수 있습니다.

① 친구탭에서 🔍를 눌러요.

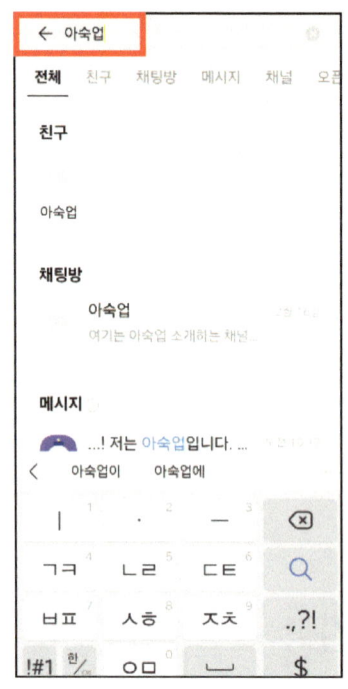

② 아숙업으로 입력해요.

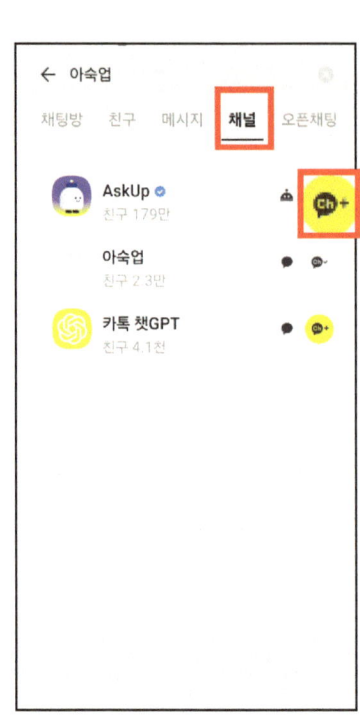

③ 상단 채널을 누른후 을 눌러요.

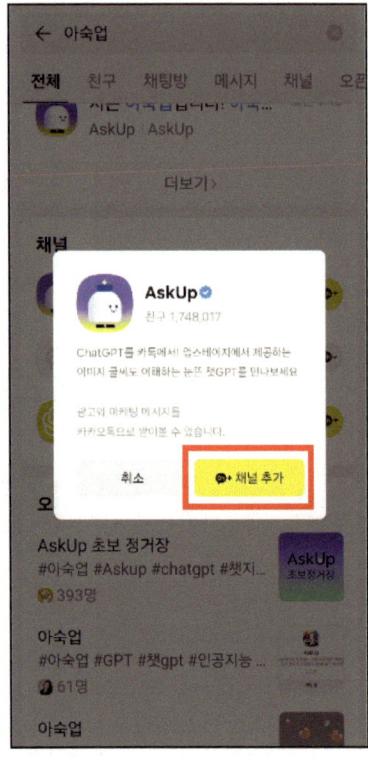

④ 채널추가를 눌러요.

⑤ 을 누르면 아숙업 채팅창이 열려요.

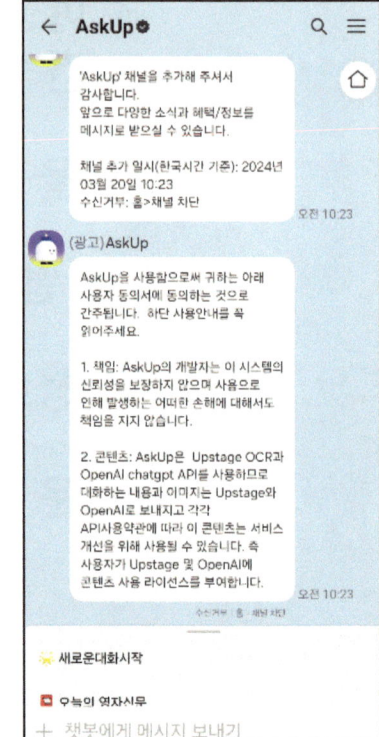

⑥ 아숙업과의 채팅창이 열렸어요.

📱 AskUp (아숙업) 무엇이든 물어보고 이야기 나눠요

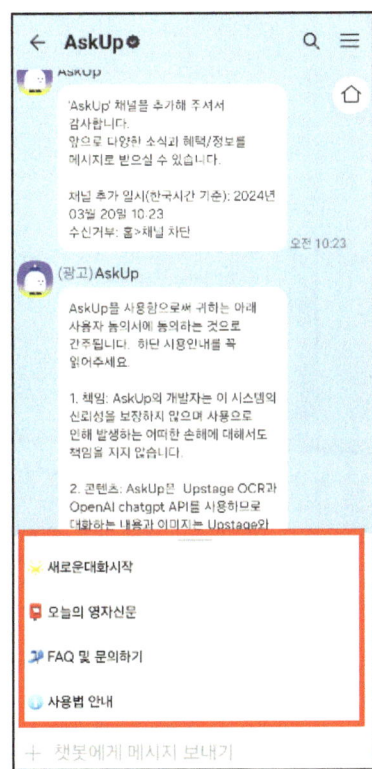

❶ 첫 화면입니다. 옵션창을 위로 올려서 사용법 안내를 눌러요.

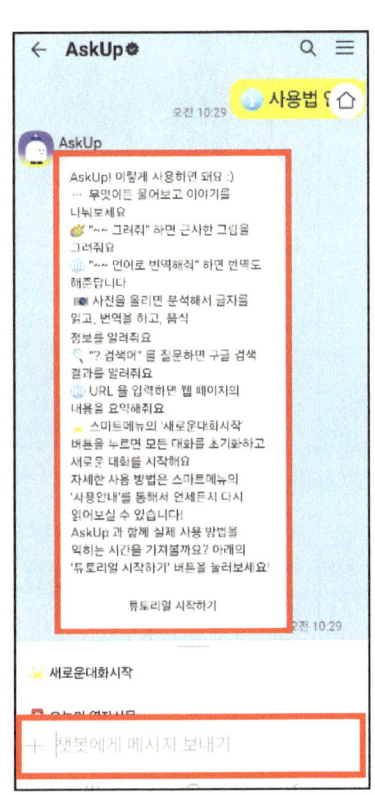

❷ 사용법을 알려줘요. 아래 채팅창을 눌러요.

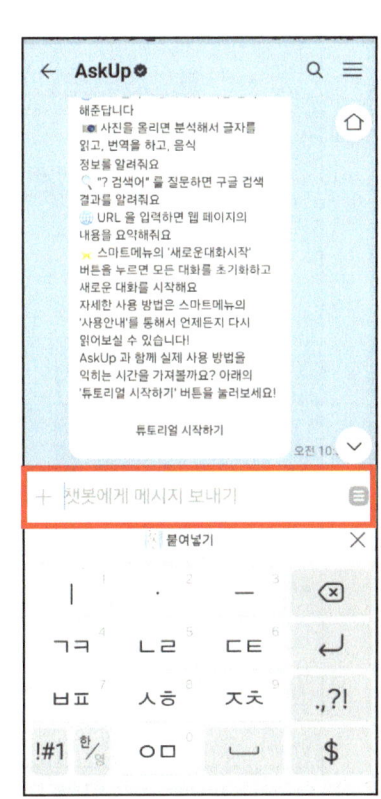

❸ 채팅창에 질문을 입력해요.

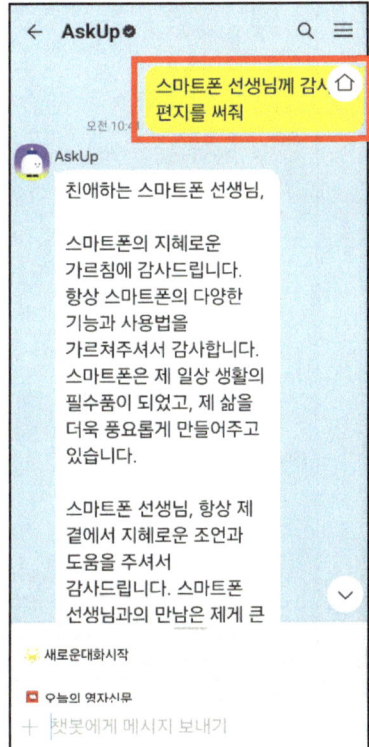

❹ 편지를 써달라고 요청해 보세요.

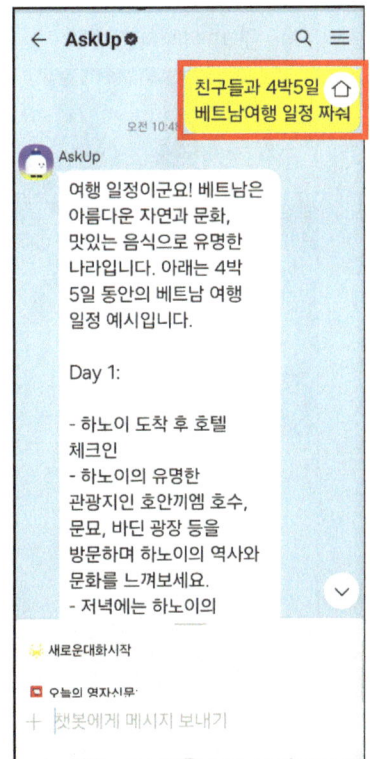

❺ 여행 일정을 짜달라고 요청해 보세요.

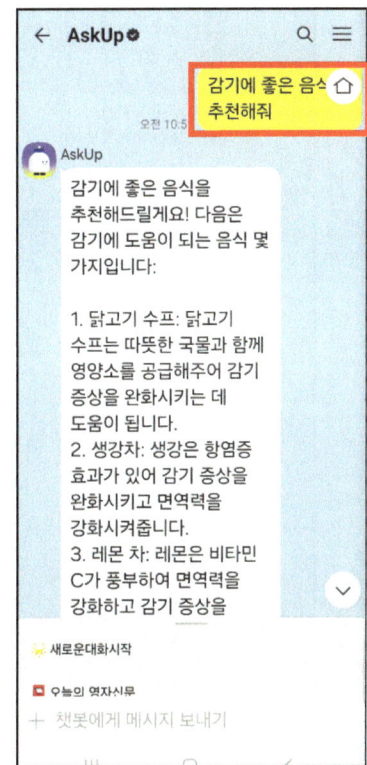

❻ 건강에 관련된 질문을 해보세요.

AskUp(아숙업)

① 그림을 그려 달라고 요청해 보세요.

② 만화느낌의 그림을 요청해 보세요.

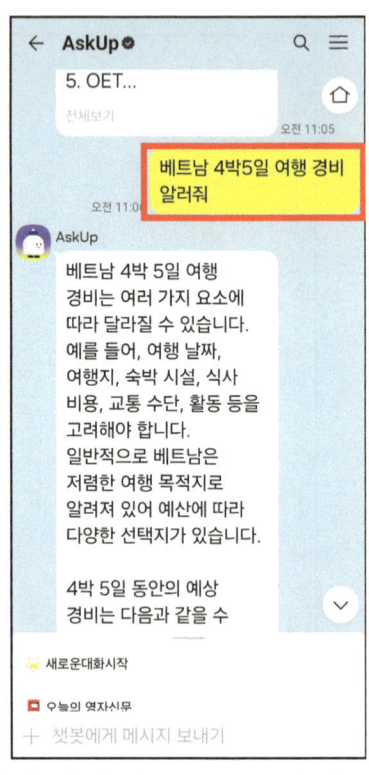

③ 여행일정 경비를 알려 달라고 요청해 보세요.

실제 사진을 넣어서 아숙업에게 사진변형을 요청해 봅니다.

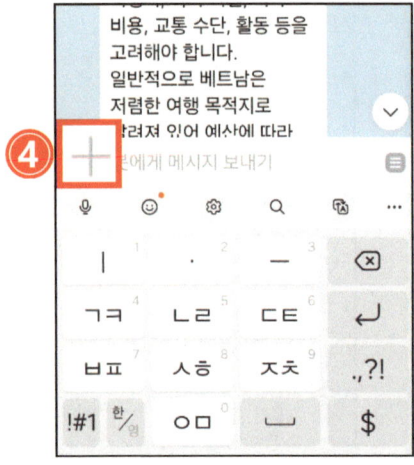

④ 채팅창 + 를 눌러요.
⑤ 앨범을 눌러요.

⑥ 앨범에서 사진을 선택해요.

⑦ 멋있게를 눌러서 사진을 요청해 봅니다.

📱 AskUp (아숙업)

요리 레시피, 노래 추천도 요청해 볼까요?

⑧ 멋있게 그려진 사진을 보여줘요.

⑨ 음식사진을 보여주면 음식의 정보를 보여줘요.

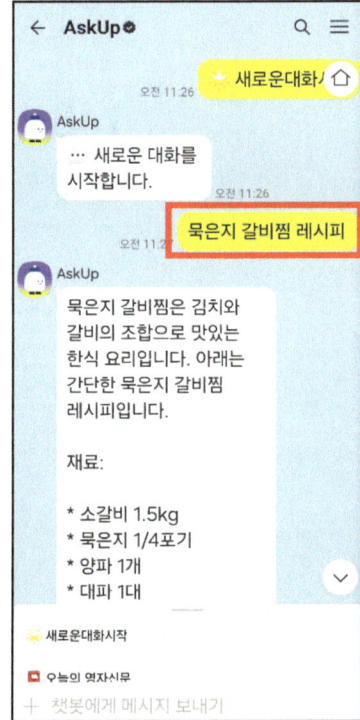
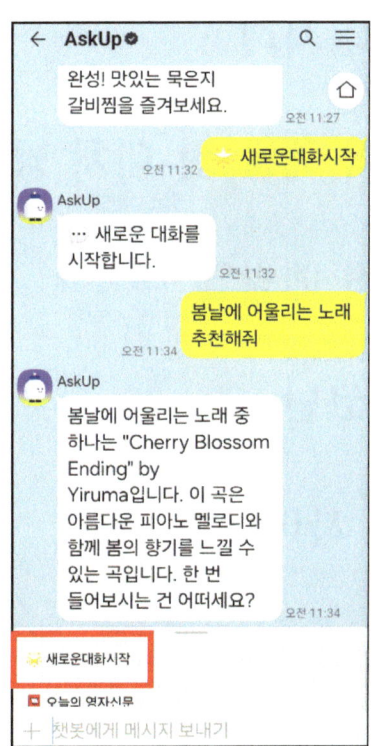
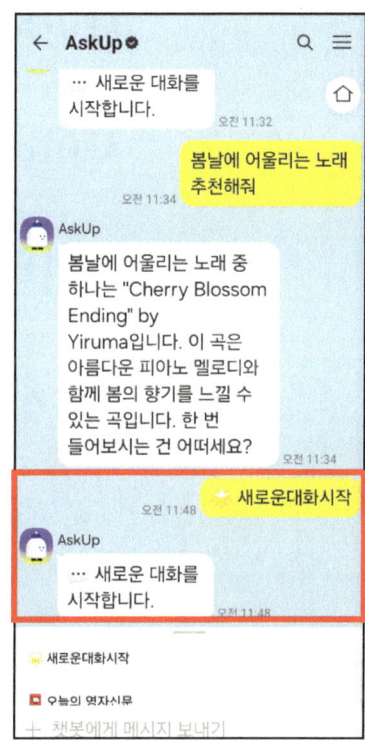

⑩ 요리 레시피를 알려 달라고 요청해 해보세요.

⑪ 대화 주제를 바꿀때는 새로운 대화 시작을 선택해요.

⑫ 새로운 대화를 시작 해봐요.

스마트폰 사이버 범죄

사이버 범죄 종류	145
안전한 사이버 생활을 위한 주의할 점	146
사이버 범죄 사례	147
사이버 범죄 예방 및 대처 방법	148
사이버 범죄 예방앱	
• 시티즌코난	149
• 경찰청 사이버캅	151

📱 스마트폰 사이버 범죄 종류

스마트폰은 우리 삶의 필수적인 부분이 되었지만, 동시에 사이버 범죄의 표적이 되기도 합니다. 스마트폰을 사용하면서 발생할 수 있는 주요 사이버 범죄 종류는 다음과 같습니다.

보이스 피싱 : 전화를 통해 개인정보나 돈을 요구하는 금융정보를 탈취하는 범죄입니다.

스미싱 : 가짜 휴대폰 문자 메시지를 통해 개인정보나 금융정보를 탈취하는 범죄입니다.

큐싱 : QR 코드와 피싱(Phishing)을 합친 신종 사이버 범죄입니다.

앱 악성코드 : 악성코드가 포함된 앱을 설치하여 개인정보나 금융정보를 탈취하거나 스마트폰을 조작하는 범죄입니다.

모바일 뱅킹 해킹 : 모바일 뱅킹 앱을 해킹하여 은행 계좌나 카드 정보를 탈취하는 범죄 입니다.

사이버 성범죄 : 스마트폰을 이용하여 성적인 폭력이나 희롱을 가하는 범죄입니다.

사이버 명예훼손 : 스마트폰을 이용하여 타인의 명예를 훼손하는 범죄입니다.

🚨 출처가 불분명한 문자의 인터넷 주소나 전화번호는 클릭금지!
개인정보나 금융정보를 요구하는 메신저나 전화는 상대방을 정확히 확인!!

안전한 사이버 생활을 위한 주의할 점

온라인 금융거래 주의점

1. 은행, 신용카드 등 금융기관 사이트는 즐겨찾기를 이용하거나, 주소를 정확하게 입력하고 이용합니다.
2. 금융기관 등에서는 전화나 메일로 개인정보를 확인하는 경우는 없으므로 정보를 요청하는 메일은 일단 의심합니다.
3. 공인인증서는 반드시 이동식 저장장치(USB)에 보관합니다.
4. 보안카드는 반드시 본인이 소지해야 합니다.(타인에게 보관맡기면 안되요)
5. 온라인 금융거래(송금) 이용 후, 알림 메시지를 이용합니다.
6. 금융기관에서 제공하는 보안프로그램은 반드시 설치해야 합니다.
7. 금융기관의 이용 비밀번호 등은 일반 사이트와는 다르게 설정합니다.
8. 공공장소 PC는 보안에 취약하므로 온라인 금융거래 이용을 자제합니다.

이메일 이용시 주의점

1. 출처가 불분명한 이메일이나 첨부파일은 열지 말고 삭제합니다.
2. 첨부파일 열람 및 저장 전에는 반드시 백신으로 검사합니다.
3. 메일을 통해 개인정보제공을 요구하는 경우 가급적 이용을 자제합니다.
4. 만약 이용할 경우 반드시 해당 업체 홈페이지에 직접 접속하여 꼼꼼히 확인한 후 이용합니다.
5. 날마다 메일을 체크하고 중요하지 않은 메일은 즉시 지웁니다.
6. 인터넷 게시판 등에 이메일 주소를 남길 때 신중히 한다.
7. 인터넷 서비스 가입시 광고메일 수신 여부를 반드시 확인한다.

가족의 안전한 사이버 생활

1. 컴퓨터를 개방된 공간에 두고 가족들이 공유할 수 있도록 합니다.
2. 자녀가 가입한 사이트, 카페 및 자녀의 ID가 무엇인지 알아두도록 합니다.
3. 자녀가 사이버상에서 하는 활동에 대해 항상 대화하면 좋습니다.
4. 온라인 게임은 규칙을 정해서 이용하도록 하고, 아이템이나 계정 거래 등에 대해 알아둡니다.
5. 부모의 주민번호, 신용카드번호 및 기타 비밀번호를 공개하지 않습니다.
6. 자녀에게 다음의 인터넷 수칙을 알려줍니다.
    - 사이버 상에서 이름, 주소, 학교 등 신상정보를 알려주지 않도록 합니다.
    - 부모의 허락없이 인터넷을 통해 직접 사람을 만나지 않도록 합니다.
    - 부모의 허락없이 부가적인 요금을 내야하는 정보나 게임 등을 이용하지 않도록 합니다.
    - 인터넷 게시판에 글을 쓸 때는 에티켓을 갖추어야 합니다.
    - 저작자의 허락없이 저작물을 인터넷에 올려 저작권을 침해하지 않도록 합니다.

📱 사이버 범죄 사례 - 출처 : 경찰청 사이트 외

 사례

< 휴대전화 정보 탈취 피해방지법 >

- **(텔레그램 계정 탈취)** 스마트폰 운영체제(안드로이드, IOS) 구분 없이 발생
  - 메시지내 비정상적인 인터넷주소 (telegram.0(숫자)rg.host / telegrim / telegramvip) 주의 필요

- **(스미싱 문자)** 문자내 인터넷주소(URL)를 함부로 누르면 악성코드가 설치되어 개인정보가 탈취될 수 있음
  - 불확실한 링크 클릭 주의!
  - 휴대전화에 보관된 '신분증, 신용카드, 여권' 등 개인정보가 담긴 사진은 즉시 삭제, 보관 금지!

텔레그램 계정 탈취 / **정상 문자** / **스미싱 문자**

(택배 문자 / 택배 사칭(가짜사이트 접속 유도))
(건강보험공단 발송 문자(URL 없음) / 건강보험공단 사칭(가짜사이트 접속 유도))
(모바일 청첩장 / 모바일 청첩장 사칭(가짜사이트 접속 유도))

피싱 피해 예방, 이것만은 꼭 기억하세요

1. 대출 관련 수수료 명목의 금전요구는 거절하기
2. 공공기관,금융기관에서 돈을 요구하면 거절하기
3. 메신저,문자로 돈을 요구하면 통화로 확인하기
4. 출처를 알 수 없는 링크, 앱은 클릭하지 않기
5. 구매하지 않은 물품 결제 문자는 무시하기

"금융감독원입니다…" 기관을 사칭 피싱 주의하세요!

금융감독원입니다. 귀하의 통장에서 범죄 의심 자금이 인출되어…

- 금융감독원을 사칭하여 통장에서 범죄 의심자금이 인출됐다는 전화를 받는 경우
- 추가 피해 예방을 위해 알려주는 계좌로 나머지 잔액을 옮기라고 요구를 받는 경우
- 금감원 직원을 만나서 현금을 전달하라고 하여 현금을 받고 달아나는 경우

🚨 기관에서 현금 전달을 요구하는 경우 100% 금융사기입니다.

**의심하고, 끊고, 확인하세요!
예방만이 최선의 대책입니다.**

피해신고(상담) : **경찰청**(☎112)
지급정지 : **금융감독원**(☎1332)
스팸 차단 : **한국인터넷진흥원** (☎1332)

사이버 범죄 예방 및 대처 방법

⚠️ 사이버 범죄 예방 방법

최신 운영체제 및 보안 앱 사용하여 취약점을 최소화합니다.

함부로 개인정보를 제공하지 않고, 안전한 사이트에서만 입력합니다.

공식 앱스토어에서만 앱을 설치하고, 설치 전 앱 평점 및 리뷰를 확인합니다.

공공 Wi-Fi 사용 시 개인정보 입력을 피하는 것이 좋습니다. (주민번호 입력 등)

강력한 비밀번호를 설정(특수문자+영문+숫자)하고, 사이트별로 다른 비밀번호를 사용합니다.

⚠️ 피해 발생 시 대처 방법

신고: 경찰 또는 사이버안전국에 신고하여 수사를 요청합니다.

증거 확보: 범죄 행위를 당했다면 즉시 스크린샷 촬영, 로그 파일 저장 등 증거를 확보합니다.

피해 복구: 금융기관에 연락하여 계좌 해지 등 피해를 최소화합니다.

⚠️ 참고사이트

사이버안전국:
[http://cyberbureau.police.go.kr/index.do]

주의: 스마트폰 사이버 범죄는 끊임없이 새로운 수법으로 발생하고 있습니다. 따라서 최신 정보를 습득하고 예방에 항상 노력해야 합니다.

📱 사이버 범죄 예방 앱 - 시티즌코난

시티즌코난은 보이스 피싱, 악성앱 순간 탐지기입니다

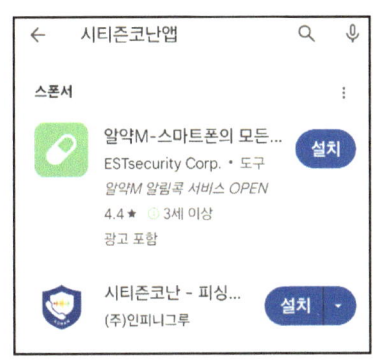

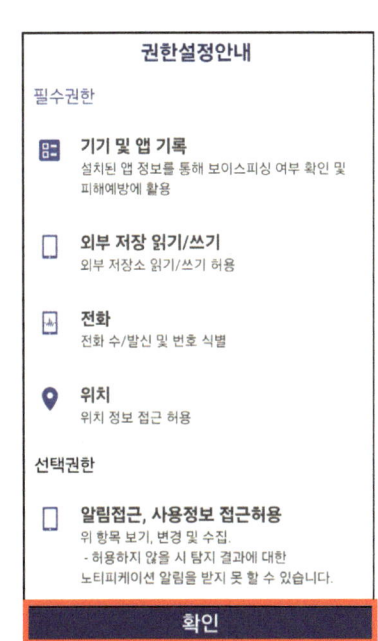

① 카메라 앱으로 QR코드를 찍어 보세요.

② 시티즌코난 앱을 설치 후 열기를 눌러요.

③ 앱사용 권한을 살펴보고 확인을 눌러요.

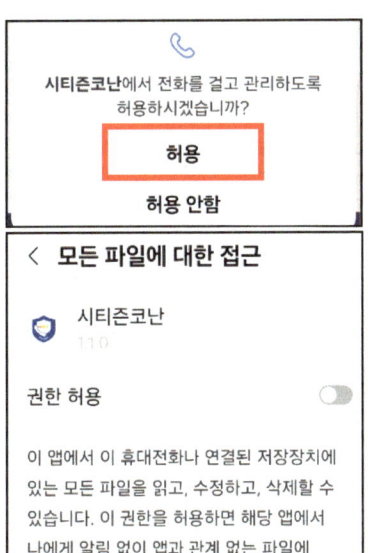

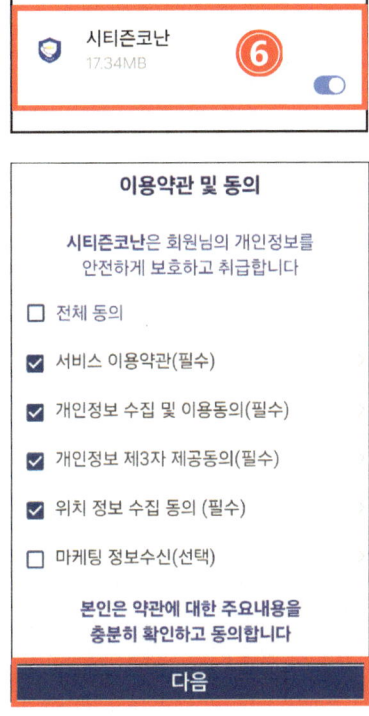

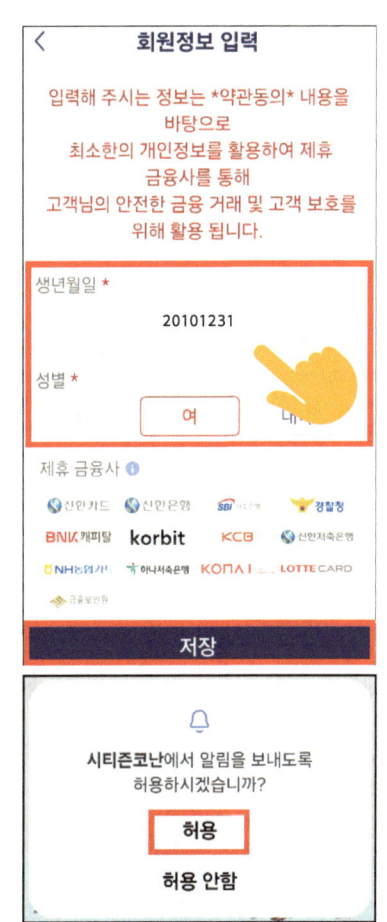

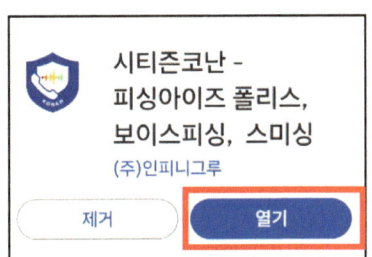

④ 허용을 눌러요.
⑤ 앱 사용 중에만 허용을 눌러요.

⑥ 필수항목만 체크하고 다음을 눌러도 됩니다.

⑦ 생년월일(8자리)와 성별을 선택후 저장을 눌러요.
⑧ 알림허용'을 눌러요.

📱 사이버 범죄 예방 앱 - 시티즌코난

악성 앱 검사를 통해 스마트폰에 악성 코드나 바이러스가 있는지 확인할 수 있습니다.

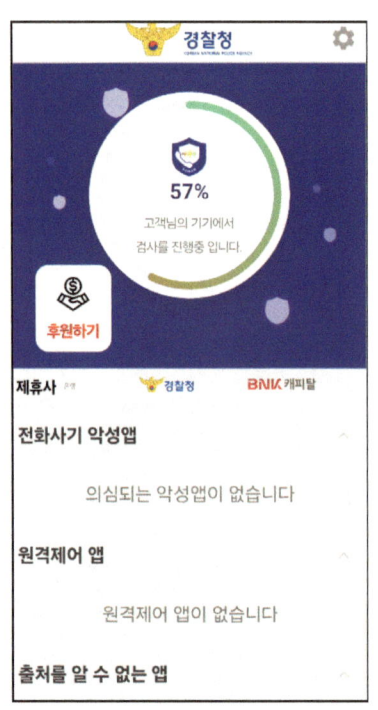

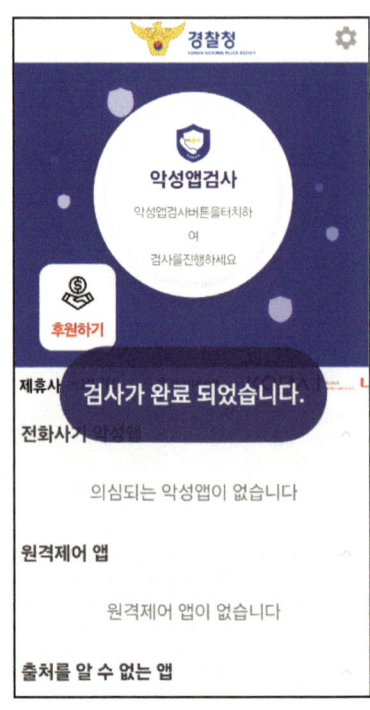

❶ 악성앱검사를 눌러요.

❷ 검사를 진행하고 있습니다.

❸ 검사 후 결과를 안내해 줍니다.

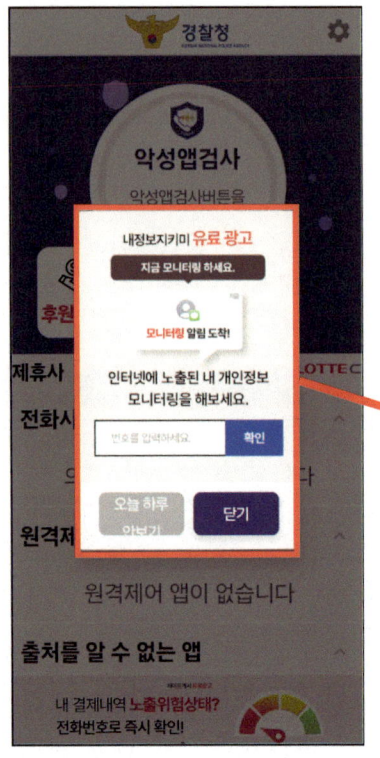

내정보지키미 유료 앱 광고문 입니다.
설치를 원하지 않는다면 '닫기'를 누르세요.

사이버 범죄 예방 앱 - 경찰청 사이버캅

발신 전화번호를 경찰청이 확보한 전화번호와 대조하여 인터넷사기 피해를 예방하고, 신종 사이버범죄 발생시 경보를 통해 피해확산을 최소화하는 앱

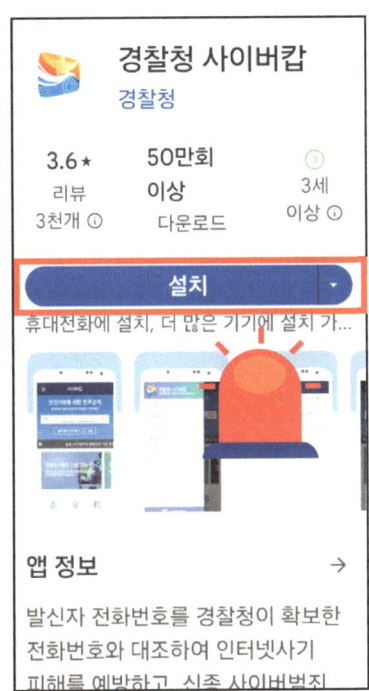

① 경찰청 사이버캅을 설치합니다.

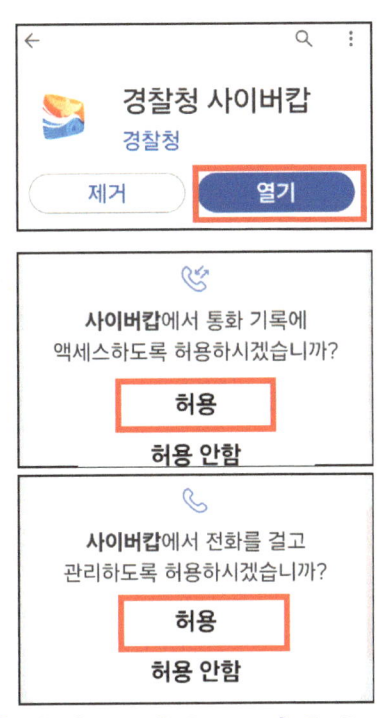

② 열기 - 허용 - 허용을 눌러요.

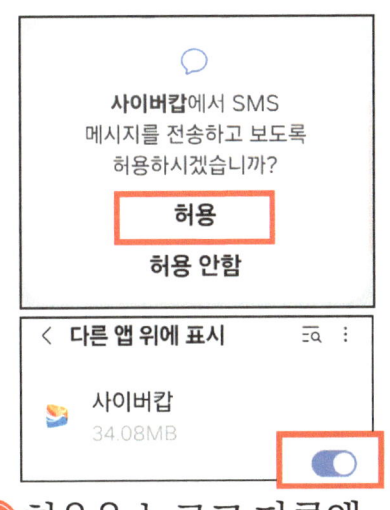

③ 허용을 누르고 다른앱 위에 표시를 눌러요.

다른 앱을 사용하는 도중에도 '사이버캅'앱을 사용하도록 허용합니다.

① 확인을 눌러주세요.

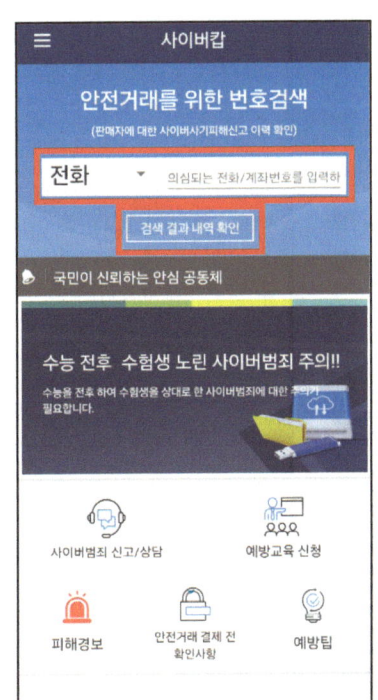
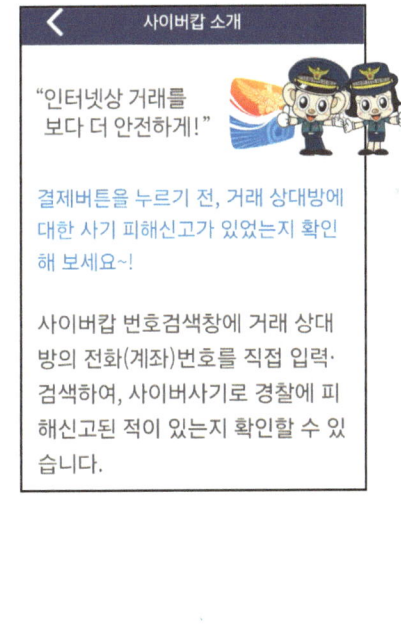

② 의심되는 전화번호나 계좌를 입력후 검색 결과 내역 확인을 눌러요. 사기에 활용된 적이 있는 지를 확인할 수 있어요.

스마트폰 문을 열다, 새로운 세상을 향한 설렘!

　스마트폰 초보자를 위한 책을 준비하는 동안 이 책이 여러분께 큰 도움이 되었기를 기대하며 설레었습니다.

　스마트폰의 사용법을 책으로 만드는 과정은 많은 고민을 해야 했습니다. 이해하기 쉬운 단계별 설명과 이미지 자료로 차근차근 따라하면 알 수 있도록 만들기 위해 최선을 다했습니다.

　스마트폰은 기능이 다양하고 변화가 빨라서, 책을 쓰는 동안에도 계속 업데이트되고 있었기에 최신 정보를 담아내려 노력했습니다.

　이제 여러분은 스마트폰 문을 활짝 열고, 정보 습득, 소통, 엔터테인먼트 등 다양한 경험을 위한 여정을 시작할 준비가 되었습니다. 단순한 통신 도구를 넘어, 여러분의 삶을 더욱 풍요롭게 만들어 줄 든든한 도구가 될 것입니다. 이 책을 통해 스마트폰의 다양한 기능을 활용하여 더욱 넓고 흥미로운 세상을 경험하시기 바랍니다.

　스마트폰 초급 교재를 준비하며 느꼈던 설렘과 기쁨을 간직하며, 여러분의 스마트폰 여정을 응원합니다!